KB260478

주식회사 이주열

"I am the master of my fate,
I am the captain of my soul."

나는 내 운명의 주인이며, 내 영혼의 선장이다

- William Ernest Henley

# 주식회사 이주열

이주열 지음

첫 울음은 창립 선언, 이름은 첫 번째 상호이다.

태어나는 순간
내 삶의 대표이사가 된다.

차선책
THE NEXT PLAN

나는 두 번 창업했다. 첫 번째는 IMF에 무너졌다. 아무도 내 사업에 관심 없었고, 나조차 왜 그 사업을 시작했는지 명확히 말하지 못했다. 그냥 잘될 것 같았다. 그뿐이었다.

그다음이 아이티센이다. 이번엔 달랐다. 의미 있는 회사를 만들겠다고 생각했고, 그 생각으로 20년을 버텼다. 쌍용정보통신을 인수했고, 매출 8조 그룹을 만들었다. 기술보다 철학이 있어야 한다는 것을 몸으로 배웠다. 이주열 교수의 책은 그 철학을 세우는 법을 가르친다.

SI에서 AI로, 제품에서 플랫폼으로, 기업도 끊임없이 자신을 재창업해야 한다. 그런데 그 전에 먼저 물어야 한다. 왜 이 전환을 하는가? 방향 없는 전환은 혁신이 아니라 표류다.

나는 대학 시절 신발 공장, 유리창 청소, 막노동까지 10개 넘는 아르바이트를 했다. 그때 사람을 배웠다. 결국 사업도 사람이고, 기술도 사람을 위한 것이다. 이 책도 기술이 아무리 빠르게 바뀌어도 나답게 살겠다는 사람이 가장 강하다고 말한다.

창업을 꿈꾸는 사람도, 이미 경영하는 사람도, 지금 방향을 잃은 사람도 이 책을 읽어라. 20년 전에 이 책이 있었으면 좋았을 것이다.

**– 강진모**(아이티센글로벌 회장)

말과 삶이 일치하는 사람을 만나기는 쉽지 않습니다. 저는 오랫동안 저자를 지켜보며 그의 삶이 그의 말을 증명하고, 그의 실천이 그의 전략을 뒷받침하는 모습을 보아왔습니다. 그래서 이 책의 제목이 '주식회사 이주열'이라고 들었을 때 전혀 낯설지 않았습니다.

오랜 독자의 한 사람으로서, 인공지능 시대에 '나다움'의 가치를 이야기하는 이 책의 출간이 더욱 반갑습니다. 우리는 타인이 설정해놓은 목표와 기준에 자신을 끼워 맞추며 살아가곤 합니다. 그러나 인공지능 시대일수록 외부의 기준이 아니라 나 자신을 나답게 만드는 일이 중요합니다. 내가 나답게 살아갈 때, 그 고유성이 모여 서로를 풍요롭게 하는 '우리다움'의 사회가 만들어지지 않을까요?

이 책이 독자들에게 자신만의 삶을 경영하는 용기와 통찰을 건네주기를 기대합니다. 결국 하나의 결심으로 독자를 이끌 것입니다. "이제, 나는 나를 경영하기로 한다."

**- 김민석**(前 카카오 부사장, 現 자이언트스텝 CBO)

수백 개 기업의 전략을 함께 고민하고, 300명이 넘는 청년들의 막막함을 옆에서 들어온 저자는 이 책에서 묻습니다. 당신은 지금 자기 삶을 경영하고 있습니까, 아니면 누군가 짜놓은 판 위에서 시키는 일을 하고 있습니까?

'주식회사 이주열'이라는 제목이 처음엔 낯설었습니다. 그런데 읽다 보니 고개가 끄덕여졌습니다. 내 시간, 내 재능, 내가 맺는 관계 하나하나가 경영 자산이라는 생각은 단순한 비유가 아니라, 지금 이 시대를 버티는 데 꽤 쓸모 있는 태도라 생각했습니다. 대학에서 교수로 일하면서도 컨설턴트, 소설가, 강연가, 사업가로 움직이는 저의 일상과도 겹쳐 보였습니다.

인간의 타고난 지능을 넘어선 두 번째 지능인 AI를 마주한 지금, 우리는 AI에 기댈 수 있다는 안도감보다 한편으로는 자신의 쓸모가 사라질지도 모른다는 불안과 마주합니다. 이에 관한 저자의 해법은 거창하지 않습니다. 기계에 담아낼 수 없는 인간다움, 나다움을 찾고, 그걸 세상이 필요로 하는 무언가로 바꿔나가는 것입니다. 쉽지 않지만, 결국 이 시대에 개인이 살아갈 방식이 그것이라고 이 책은 이야기합니다.

삶의 방향이 흐릿하게 느껴진다면, 주식회사 이주열의 문을 열어보길 권합니다.

**- 김상균**(인지과학자, 경희대 경영대학원 AI비즈니스 전공교수)

기업가정신을 가르치는 사람으로서 나는 이 책 앞에서 솔직히 말하고 싶다. 내가 강의실에서 오랫동안 가르친 것을 이주열 교수는 삶으로 증명했다.

이 책의 핵심은 하나다. 기업가정신은 창업이 아니라 삶의 태도라는 것. 불확실성을 두려워하지 않고, 자신의 길을 스스로 개척하며, 실패에서 배우고 다시 일어서는 것. 그것이 진짜 기업가정신이다.

송도에서 이주열 교수와 함께 청년들을 가르쳤던 시간이 떠오른다. 그는 강의실에서만 선생이 아니었다. 서울벤처포럼을 만들고, 청년자기다움학교를 운영하고, 지역 창업 생태계를 직접 일구었다. 이 책은 그 모든 현장의 증언이다.

글로벌 시대, AI시대에 살아남는 인재의 조건은 스펙이 아니라 자기다움이다. 나답게 생각하고, 나답게 문제를 풀고, 나답게 연대하는 사람이 살아남는다. 이 책은 그 방법을 가장 구체적으로, 가장 실천적으로 알려준다. 뉴욕에서도, 서울에서도, 어디서든 통하는 이야기다.

**- 김춘호**(한국뉴욕주립대학교 명예총장)

저자는 컨설턴트로, 교육자로, 공동체 빌더로 살아온 사람이다. 이 책에서 다루는 '주식회사 나'의 개념은 어느 날 갑자기 떠오른 아이디어가 아니다. 수백 개의 기업을 자문하고, 수백 명의 청년들과 삶을 함께 고민하고, 그 자신도 번아웃의 바닥을 경험하면서 길어 올린 통찰이다.

삶에서 정말 중요한 것일수록 그 본질은 단순하다. 하지만 그래서 오히려 어렵다. 자기다움도 마찬가지다. 대부분의 사람들이 자기다움을 마주하는 순간 불편함을 느끼는 이유다. 늘 내일이 있고 새로운 기회가 있을 거라는 착각으로, 우리는 그 불편함을 자꾸 뒤로 미룬다. 그리고 나도 모르는 사이 '내가 아닌 나에게 주어진 것들'로 돌아간다. 열심히 살아온 사람일수록 더욱 그렇다.

성공한 것처럼 보이는데 왜 공허한지, 열심히 살고 있는데 왜 내 삶 같지 않은지. 이주열은 그 감각의 정체를 경영의 언어로 풀어낸다. 거창한 이론이 아니다. 그가 직접 겪고, 실패하고, 다시 일어서면서 몸으로 터득한 이야기들이다.

AI시대에 살아남는 건 결국 '나다운 사람'이다. 그 사실을 이토록 따뜻



주식회사 이주열

하고 실용적으로 증명한 책을 나는 아직 본 적이 없다. 내가 참 좋아하고 존경하는 저자가 이런 책을 썼다는 사실이, 솔직히 말하면 조금 자랑스럽다.

- 남주현((주)엔엑스 대표이사)

미국의 한 연구에서 역사학과가 성공적인 CEO를 가장 많이 배출했다는 결과를 읽은 적이 있습니다. CEO는 사람들을 이끄는 리더이기에, 역사적인 사례를 통해 사람들을 구체적으로 배우기 때문이라고 합니다. 더불어 역사를 이해하는 방법으로 시대를 이끈 리더를 각각 분석한다고 합니다. 이는 리더가 동시대를 살아가는 많은 사람의 마음을 모아 그 시대를 이끌어가므로 많은 사람의 마음을 담을 수 있는 인격과 삶을 통해 그 시대 정신을 알 수 있기 때문입니다.

이 책을 읽으면서 이주열 교수의 자서전이라는 생각이 들었습니다. 인생을 살아가면서 자신의 가장 많은 에너지를 투자하며 이룬 전문 영역을 책으로 정리한다는 것은 특권이면서 특별한 경험입니다. 여기에는 한 사람의 철학과 삶이 담겨 있을뿐더러, 저자가 교류하고 협력했던 다른 이들의 삶의 흔적 또한 담고 있습니다.

이 책을 통해 이주열 교수가 많은 기업인과 고락을 함께하며 얻은 소중한 경험과 삶의 태도를 볼 수 있습니다. 기업을 경영하고 있거나 계획하는 분들께 이 책을 적극 추천합니다.

- 박성진(現 한동대학교 총장)

나는 안경사 출신이다. 창업을 꿈꾸며 고시원 사업에 뛰어들었지만, 처음엔 사업인지 생존인지도 모른 채 그냥 열심히 했다. 누군가 왜 그 일을 하느냐고 물었다면 "먹고살려고"라고 답했을 것이다. 이주열 교수를 만난 건 그 무렵이었다. 그는 사업계획서를 보기 전에 이렇게 물었다.

"고시원 사업은 왜 하고 싶어요?"

나는 제대로 답하지 못했다. 하지만 그 질문은 머릿속에서 떠나지 않았다. 대신, 고시원에서 처음 혼자 살던 시절이 떠올랐다. 보증금도 없이 도시 한가운데에서 내 삶을 시작하던 그 감각. 그게 바로 내가 이 일을 시작한 이유였다. 돈이 없어도 좋은 공간에서 독립적으로 살 권리, 그 가치를 더 많은 사람에게 주고 싶었다.

그 의미를 찾고 나서 모든 것이 달라졌다. TIPS 선정도, 투자 유치도, 스웨덴 한인회와의 협약도 모두 그 의미에서 시작됐다. 이 책에는 내가 그 의미를 찾아간 과정이 그대로 담겨 있다. 창업을 준비하거나, 이미 사업을 하고 있거나, 어느 순간 '왜 시작했는지' 잊어버린 사람에게 이 책은 답을 줄 수 있다.

나의 스승님, 이주열 교수의 책을 자랑스럽게 추천한다.

**- 박영은**(고수플러스 대표)


나는 평생 국가 경쟁력을 고민해왔다. 기술이 국가를 만들고, 인재가 미래를 만든다고 믿었다. 그런데 이주열 교수의 이 책을 읽으며 하나 더 깨달은 것이 있다. 기술도, 인재도, 결국 '사람다움'에서 출발한다는 것이다.



**주식회사 이주열**

이 책에는 "나답게 사는 6천만 명이 모이면 국가가 바뀐다"라는 문장이 있다. 나는 이 문장이 단순한 수사가 아님을 안다. 다양한 개인이 각자의 자리에서 탁월함을 발휘할 때, 국가의 혁신 생태계가 완성된다. 획일화된 인재 100명보다 나다운 인재 10명이 더욱 강하다.

한국은 지금 전환점에 서 있다. 추격형 성장은 끝났다. 이제는 각자의 고유한 관점과 철학으로 새로운 길을 여는 사람이 필요하다. 이 책은 그런 사람을 만드는 가장 근본적인 교과서다. 정부 정책과 시스템만으로는 사람을 바꿀 수 없다. 이주열 교수처럼 현장에서 직접 사람을 키우는 사람이 필요하다. 이 책이 그 씨앗이 되길 바란다.

**- 오명**(前 부총리 겸 과학기술부 장관, 교통부 장관, 건설교통부 장관,
체신부 장관, 現 국가원로회의 상임의장)

경영자로서 나는 늘 이 질문과 싸운다. "우리는 무엇을 만드는 회사인가?" 안마의자를 만드는 회사인가, 아니면 건강을 만드는 회사인가? 이 질문에 어떻게 답하느냐에 따라 전략이 달라지고 회사의 미래가 달라진다. 세라젬이 홈 헬스케어 플랫폼으로 전환하고 CES에서 집을 짓겠다고 선언한 것도 이 질문에 대한 나름의 답이었다. 그런데 이 책을 읽으며 더 근본적인 질문과 마주했다. 회사의 미션을 세우기 전에, 나라는 사람의 미션이 먼저 있어야 한다는 것이다.

숫자는 방향을 알려주지 않는다. 철학이 방향을 알려준다. 의미만 있고 재미없는 조직은 지치고, 재미만 있고 돈 안 되는 조직은 무너지며, 돈만 쫓는 조직은 방향을 잃는다. 세라젬이 70여 개국에서 살아남은 것은

건강한 삶이라는 의미를 포기하지 않았기 때문이다.

이 책은 창업가만을 위한 책이 아니다. 조직을 이끄는 모든 리더에게 필요하다. 좋은 책은 독자를 반성하게 만든다. 이 책이 그랬다.

- 이경수(세라젬 대표)

성공한 경영 컨설턴트로서 수백 개의 기업을 진단하고 많은 벤처 기업을 육성하는 멘토로서, 또한 나다운 삶을 지도하는 교육자로서 저자는 인간의 삶 또한 하나의 '법인'으로 바라봅니다.

전략이 실행을 이기지 못한다는 현장의 진리는 개인의 삶에도 똑같이 적용됩니다. 이 책은 '안정'이라는 달콤한 리스크에 안주하지 말고, '가설-실행-검증-수정'의 사이클을 통해 나다운 삶을 설계하라고 조언합니다. 의미, 재미, 머니라는 3가지 축이 스위트 스폿에서 만날 때, 개인의 성장은 비로소 선한 영향력이 되어 공동체로 흐릅니다. '나'라는 브랜드의 재무제표를 점검하고 싶은 모든 분께 이 책을 강력히 추천합니다.

- 이종원(前 싸이월드 공동창업자, 現 호서대학교 교수)



주식회사 이주열

# 나는 나라는 기업의 CEO

이 책의 제목을 처음 듣고 어떤 생각이 들었는가? "이주열이라는 사람이 운영하는 회사 이야기인가? 자기 자랑하려는 책인가? 주식회사라는 말이 왜 이름 앞에 붙지?" 하며 고개를 갸우뚱했을 수도 있다.

'주식회사'는 이 책을 관통하는 은유이자, 내가 지난 20여 년간 수많은 기업을 컨설팅하고, 300명 넘는 청년들과 만나고, 자신의 삶을 경영하면서 깨달은 가장 본질적인 통찰이다. 다시 말해, 누구나 '주식회사 나'라는 기업의 대표이사다. 직장인이든, 학생이든, 자영업자이든, 프리랜서든 상관없다. 당신은 당신이라는 기업을 경영하고 있다. 당신의 시간, 재능, 열정, 인간관계, 당신이 내린 모든 선택이 바로 당신이라는 기업의 자산이자 투자이며 전략이다.

하지만 대부분의 사람은 다른 사람이 만들어놓은 삶의 틀에 맞춰 직원처럼 살아간다. 부모님이 정해준 길, 사회가 요구하는 기준에 따라 남들이 가는 대로 따라간다. 그러면서 이 길이 맞는지 불안해하며 하루하루를 보낸다. 정말 큰 문제다. 자기 삶의 경영자가 되어야 할 사람들이 직원으로 살아가는 것은 개인의 불행일 뿐만 아니라, 사회 전체의 역동성을 떨어뜨리는 근본 원인이다.

그래서 이 책의 제목을 '주식회사 이주열'이라고 지었다. 이것은 내 이야기이면서, 동시에 당신의 이야기다. 이 책을 통해 내가 어떻게 '주식회사 이주열'의 CEO로서 살아왔는지, 그 과정에서 어떤 실패와 성공을 경험했는지, 무엇보다 '나다움'과 '기업가정신'이라는 두 가지 핵심 가치를 어떻게 발견하고 실천해왔는지 나누려 한다.

성경에는 주인이 3명의 종에게 능력에 따라 5달란트, 2달란트, 1달란트를 맡기는 이야기가 나온다. 대부분 이 비유를 재능을 잘 활용하라는 의미로 이해한다. 틀린 말은 아니다.

1달란트는 당시 노동자 한 사람이 20년은 일해야 벌 수 있는 금액이었다. 주인은 종들에게 엄청난 자산을 믿고 맡긴 것이다. 이것이 핵심이다. 우리는 각자 엄청난 가치를 지니고 있다. 그

것은 단순히 '재능'이 아니다. 우리의 시간, 인간관계, 선택권, 모든 삶이 바로 달란트다. 그리고 이를 경영할 전적인 책임과 권한을 가지고 있다.

이 성경 이야기에서 세 번째 종은 받은 달란트를 땅에 묻어 두었다. 두려웠기 때문이다. 실패할까 봐, 잃어버릴까 봐, 주인에게 혼날까 봐. 그래서 그는 아무것도 하지 않고 그저 묻어두기만 했다. 그 결과, 악하고 게으르다고 책망받으며 받은 달란트를 빼앗겼다. 오늘날 많은 사람이 세 번째 종처럼 살아간다. 안정을 추구한다는 명목으로, 실패를 두려워하면서, 자기에게 주어진 달란트를 묻어둘 뿐이다. 즉, 경영하지 않고, 투자하지 않고, 도전하지 않는다.

하지만 우리는 주어진 자원을 잘 관리하고, 증식시키고, 다음 세대에 물려주는 경영자로 태어났다. 삶이 곧 경영 그 자체다. 그렇다면 당신은 얼마나 진지하게 삶을 경영하고 있는가?

인류는 역사상 가장 급격한 변화의 시대를 맞이하고 있다. 챗GPT가 등장한 지 2년도 되지 않았는데 세상은 완전히 달라졌다. AI가 글을 쓰고, 그림을 그리고, 코드를 짜고, 진단을 내리고, 전략을 제시한다. 그러다 보니 AI가 일자리를 빼앗을까 두려워하는 사람이 많다. 실제로 많은 일자리가 사라질 것이다. 하지만 가장 위험한 것은 AI가 나를 대체하는 것이 아니라, 나다움을 잃어버리는 것이다.

AI는 평균을 잘한다. 데이터가 많을수록, 패턴이 명확할수록 AI는 탁월하다. 그렇다면 인간은 AI와 무엇으로 경쟁할 수 있을까? 평균적인 능력으로는 AI를 이길 수 없다. 인간이 AI와 차별화될 수 있는 것은 오직 하나, 나다움이다. 나만의 경험, 가치관, 관점, 스토리는 AI가 복제할 수 없다. 세상에 똑같은 삶을 사는 사람은 없기 때문이다. 나의 고유함, 독특함이 바로 AI시대의 가장 큰 경쟁력이다.

한편 기업가정신도 필요하다. 기업가정신은 창업할 때만 필요한 게 아니다. 기업가정신의 본질은 기회를 포착하고, 위험을 감수하며, 새로운 가치를 창출하는 것이다. AI시대에는 더 이상 고용 가능성만으로는 살아남을 수 없다. 이제 필요한 것은 가치 창출력이다. 누군가가 나를 고용해주길 기다릴 게 아니라, 스스로 가치를 만들어내야 한다. 이것이 바로 기업가정신이다. 기업가정신이 모두에게 필요한 이유는 나는 '주식회사 나'의 CEO이기 때문이다.

AI는 도구다. 강력하다고 해도, 도구일 뿐이다. 그 도구를 사용해서 무엇을 만들 것인가는 우리의 몫이다. 그 무엇을 결정하는 것이 나다움이고, 이를 실행하는 것이 기업가정신이다.

이 책을 읽는 방법에는 정답이 없다. 처음부터 순서대로 읽어도 좋고, 관심 있는 부분부터 읽어도 좋다. 단, 읽지만 말고 '실천'하라. 각 꼭지 끝에는 질문이 있다. 흘려보내지 말고 고민하고 질문에 대한 답을 작성하라. 책을 읽으면서 떠오르는 생각들을 메모하라. 그리고 작은 것이라도 당장 실천하라.

나는 경영 컨설턴트로서 수많은 전략 보고서를 만들었지만, 아무리 훌륭한 전략을 세워도 실행되지 않으면 무용지물이었다. 이 책도 마찬가지다. 읽고 감상하는 것만으론 부족하다. 당신의 삶이 실제로 변해야 한다. 책에 담은 생각 및 실행 툴을 활용해서 '주식회사 나'의 경영 계획을 직접 수립해보라.

이제 나다움을 발견하고, 기업가정신으로 무장하여, '주식회사 나'를 성공적으로 경영할 준비가 되었는가? 함께 시작해보자. 주식회사 '당신'의 놀라운 여정을.

2026년 1월
삼성동 옥탑방 연구실에서
이주열

# 차례



## 1장 | 설립: 나를 창업하다

### 01. 의지 없는 법인의 탄생



### 02. 인생의 대표 vs 운영되는 직원



### 03. 나를 경영하기로 결심한 날

## 3장 | 연대와 계승: 혼자에서 공동체로

1장

설립: 나를 창업하다

# 의지 없는 법인의 탄생

나는 20년 넘게 수백 개의 회사에 경영 컨설팅을 제공했는데, 그럴 때마다 그들에게 이렇게 물었다.

"이 회사는 왜 존재하나요?"

그러면 많은 경영진이 당황했다. 매출 목표나 마케팅 포인트는 말할 수 있지만, 존재 이유는 설명하지 못했다. 조직도는 있지만, 미션은 없었다. 사업은 하고 있지만, 방향은 분명하지 않았다.

이런 회사를 나는 '의지 없는 법인'이라고 부른다. 사업자등록증도 있고, 직원에게 월급도 주고, 매출도 거둔다. 하지만 왜 이 회사가 존재하는지, 어디로 가야 하는지, 창업자의 명확한 의지나 생각이 없다.

놀랍게도, 사람들의 삶 역시 대부분 이런 방식으로 운영되고 있다.


## 부모와 환경은 학습된 투자 조건이다

—

모든 회사는 투자를 바탕으로 성립하고 성장한다. 삶이라는 회사의 최초 투자자는 부모다. 부모는 자본과 시간, 관심을 비롯해, 자녀가 자랄 수 있는 환경을 조성한다. 자녀의 학원비를 대고, 학용품을 사주고, 교육에 도움이 될 만한 동네로 이사 가고, 좋은 학교에 진학하도록 노력한다. 부모가 자녀를 위해 투자하는 건 당연한 일이기도 하다.

그런데 투자에는 항상 조건이 따른다. 부모는 자녀에게 투자한 만큼, 자녀가 어떻게 살아주길 바란다거나 어떤 선택을 하면 좋겠다든가 하는 기대치가 있다. 그러니까 '내가 너를 어떻게 키웠는데? 그렇게까지 지원해줬는데 네가 어떻게 나한테 그래!'라는 압박이 따른다는 말이다.

청년자기다움학교를 운영하면서 가장 많이 듣는 고민이 있다.

"부모님이 원하시는 건 알겠는데, 제가 원하는 게 뭔지는 모르겠어요."

30년 가까이 살고도 자기가 뭘 원하는지 모른다는 게 말이 되지 않는다고 생각하는 사람도 많을 텐데, 이게 현실이다. 왜 그럴까?

회사와 달리 부모의 투자 조건은 계약서처럼 작성되지 않는다. 아이는 눈치로 그 조건을 학습한다. 부모의 표정이 밝아지거나 목소리가 차가워지거나 한숨을 내쉬는 모든 신호를 읽으며 아이는 부모가 원하는 조건이 무엇인지 배운다. 그러다 보면 삶의 의사결정은 점차 외부 투자자인 부모의 시선을 기준으로 이뤄진다. 본인이 원하는 게 아니라 부모가 원하는 것, 본인이 좋아하는 게 아니라 투자자가 만족하는 것이 기준이 된다.

문제는 투자 조건이 자연스럽게 학습된다는 것이다. 누구도 강요하지 않지만, 아이는 살아남기 위해, 부모에게 사랑받고 인정받기 위해 투자 조건을 내재화한다. 그렇게 부모의 기준은 당연한 것이 된다.

한편 기업은 어떤 자본을 가지고 시작하느냐에 따라 성장 방식이 달라진다. 풍부한 자본으로 시작한 회사는 빠르게 확장할 수 있지만, 작은 자본으로 시작한 회사는 신중하게 투자할 수밖에 없다. 삶도 마찬가지다. 태어난 지역, 가정 분위기, 부모의 언어와 태도, 부모가 일하는 방식, 성공을 말하는 어조, 실패를 대하는 자세 등은 삶이라는 회사의 초기 자본 구조다.

내가 처음 컨설팅 업계에 발을 들일 때, 선배 컨설턴트인 미국인이 조언해주었다.

"이 바닥에서 성공하려면 좋은 학벌이나 해외 MBA를 취득해야 해. 네 학벌로는 한계가 있을 거야."

그 말이 틀렸다고는 생각하지 않는다. 실제로 업계의 현실이 그랬으니까. 하지만 사실일 뿐이지, 내 한계는 아니었다. 나는 부족한 학벌 대신 더 많이 공부하고 깊이 분석해서 더 구체적인 솔루션을 내놓았다. 그 결과, '올해의 컨설턴트 상'을 3번이나 수상했다.

주어진 환경은 자본이지만, 그것이 곧 전략은 아니다. 이 차이를 인식하지 못하면, 삶이라는 회사는 태어날 때 주어진 자본에만 제한된다. 그래서 이 정도면 된다든가, 이 이상은 안 된다든가, 나 같은 사람은 원래 그렇다는 식으로 자신을 제한한다. 외부 기준을 점검해볼 생각조차 하지 않고 마치 스스로가 만들어 선택한 기준인 것처럼 받아들인다. 하지만 이는 선택한 기준이 아니라 주입된 한계다.

대부분의 사람들이 더 큰 가능성을 상상하지 못하거나 다른 방식을 시도하지 못하고 익숙한 테두리 안에서만 맴도는 이유가 바로 여기에 있다.

## 자신의 삶을 자신이 설립하지 못한다

—

기업을 설립할 때 절차를 거친다. 먼저 이 회사는 왜 존재하는가, 무엇을 달성하고자 하는가, 어떤 가치를 추구할 것인가 하는 질문을 던진다. 그리고 그 답에 따라 목표를 정하고, 대표를 세우고, 정관을 만든다. 이 과정을 거치지 않으면 법적으로도, 실질적으로도 회사가 성립되지 않는다.

하지만 삶은 그렇지 않다. 누구도 어떤 삶을 살고 싶은지, 삶의 방향은 무엇인지, 무엇을 성취하길 원하는지, 중요한 가치는 무엇인지 묻는 사람이 아무도 없다. 그리고 이미 정해진 트랙을 걷는다. 학교라는 조직에 들어가 성적이라는 지표에 의해 평가받는 시스템은 자신이 선택한 것이 아니라 부모가 정해주거나 환경적으로 주어진 것이다. 그러니까 자신의 삶을 자신이 설립하지 못한다.

학창 시절, 성적표가 나오던 날을 떠올려보라. 부모님이 성적표를 훑어보는 순간, 말 한마디 하지 않아도 집 안의 공기가 달라진다. 아이는 부모의 눈빛만으로 이미 평가가 끝났다는 걸 안다. 안도할 때도 있고, 미안한 날도 있다. 이유 없이 움츠러들거나 변명할 때도 있다. 아이는 삶의 가치가 자신의 선택이 아니라 성적이라는 평가로 결정된다는 것을 깨닫는다. 자신이 무엇을 좋아하는지, 무엇을 잘하는지, 무엇을 이루고 싶은지는 중요하지 않다. 중요한 것은 몇 등인지, 평균 이상으로 우수한 성적을 거뒀는지 여부다. 그렇게 선택하는 사람이 아니라 운영되는 존재가 된다.

학생들을 가르치면서 진로 상담을 하면서 던진 질문이 있다.

"당신의 이사회는 누구입니까?"

대부분 이 질문이 무슨 뜻인지 이해하지 못했다. 그래서 내가 인생의 중요한 결정을 내릴 때 상의하는 사람이 이사회라고 알려줬다. 그제야 학생들은 부모님이나 교수님, 선배나 친구라고 답했다. 그래서 다시 물었다.

"그 사람들은 당신의 미래에 대해 얼마나 알고 있나요? 당신이 가진 역량과 가능성에 대해 얼마나 이해하고 있나요? 그리고 그 결정의 결과를 그들이 책임지나요?"

이 질문에는 제대로 대답하는 학생은 아무도 없었다.

이사회는 전략을 수립하고, 리스크를 관리하고, 장기적인 비전을 세운다. 이렇듯 회사의 중요한 일을 결정하는 곳이다. 하지만 의지가 없는 법인에서는 이사회가 제대로 작동하지 않는다. 대신 주변의 목소리가 의사결정을 대신한다. 그렇기 때문에 부모는 안정적인 게 최고라며 공무원 시험을 보라고 하고, 교사는 더 열심히 공부해서 더 좋은 학교에 지원하길 바라며, 친구는 이 정도 학교는 가야 하지 않느냐며 부추긴다. 심지어 사회에서도 평균을 정하고 그 기준 이상을 기대한다.

사실 주변인들은 나쁜 의도가 없다. 진심으로 나를 위해 말해주는 경우가 많다. 실제로 도움이 되는 조언을 던져주기도 한다. 하지만 내가 내린 결정이 아니다. 주체적으로 고민해서 판단하고 책임질 각오로 한 말이라기보다는, 그저 안전해 보이거나 실패하지 않는 길처럼 보이기 때문에 생각 없이 던진 말에 가깝다.

그렇게 주변인에 의해 휘둘리다 보면 어느 순간 묘한 감정이 든다. 열심히 일했는데도 왜 이 직업을 택했는지 모르겠다거나, 남들보다 많이 뒤처진 것 같지는 않은데 자신의 삶이 낯설게 느껴지기도 하고, 분명히 잘하고 있는 것 같은데 공허함을 느끼는 것이다.

## 의지 없는 삶은 외부 기준에 종속된다

—

설립 의지가 없는 회사는 결국 외부 기준에 종속된다. 그렇다면 외부 기준에 따르는 삶이란 어떨까?

첫째, 뒤처지지 않기 위해 남들만큼은 해야 한다는 강박에 시달린다. 평균에서 벗어나면 불안하다.

둘째, 평균에서 벗어나지 않기 위해 튀지 않으려 한다. 특별하지 않은 것이 편하다.

셋째, 실패자로 보이지 않으려면 남들 눈에 그럴듯해 보여야 한다. 자신의 만족보다 외적 성취가 우선이다.

외부 기준에 따를 뿐 자신의 의지가 없으면 어떻게 될까? 어느 날, 한 예비 창업자가 찾아왔다. 사업계획서는 그럴듯했다. 시장 분석도 했고, 재무 계획도 나쁘지 않았다. 그런데 왠지 그에게서 확신이 느껴지지 않았다. 그래서 왜 이 사업을 하는지 물었더니, 돌아온 대답은 "요즘 이 분야가 대세잖아요. 투자도 많이 받고요"라는 것이었다.

"그러니까, 당신은 왜 이 사업을 하려고 하는 거죠?"

결국 그는 답하지 못했다. 남들이 하니까, 돈이 될 것 같으니까, 실패하지 않을 것 같으니까 하려는 것뿐이었다. 결국에는 창업했고, 6개월 뒤에 문을 닫았다. 내 예상대로였다. 이렇듯 외부 기준에 따라 시작한 사업은 위기가 오면 바로 무너진다. 왜 해야 하는지 내부 동력이 없기 때문이다.

삶도 마찬가지다. 삶을 경영하는 전략은 내가 가고 싶은 방향이 명확해야 세울 수 있다. 하지만 외부 기준에 따르면 남들의 의견에 휘둘린다. 어른이 된 후에 자신이 원하는 삶인지 모르겠다거나, 왜 이렇게 살고 있는지 모르겠다거나, 뭔가 잘못된 것 같은데 어디서부터 잘못됐는지 모르겠다거나, 성공한 것 같은데 행복하지 않다는 사람이 많다. 이렇듯 자신의 의지가 명확하지 않으면 삶은 방향을 잃는다.

나는 40대 초반 컨설턴트로서 정점에 오른 순간, 번아웃이 찾아왔다. 그제야 지금껏 내가 원해서가 아니라 잘할 수 있어서 컨설턴트 일을 했다는 것을 깨달았다. 성과는 올렸지만, 의미는 없었다. 그래서 모든 걸 내려놓고 가족과 여행을 떠났다. 아내가 아프기도 했지만, 오히려 이를 핑계 삼아 일을 잠시 그만뒀다. 주변에서는 경력에 공백이 생기면 예전처럼 재기하기는 힘들 것이라며 고개를 저었다.

하지만 그 시간 덕분에 자신을 다시 세울 수 있었다. 나는 무엇을 원하는가? 무엇을 위해 일하고 싶은가? 어떤 가치를 만들고 싶은가? 이런 질문에 답할 여유가 생겼다. 그래서 청년자기다움학교를 시작했고, 서울벤처포럼을 만들었다. 오픈이노베이션을 통해 기업의 성장을 도왔고, 뉴욕주립대학교와 몬드라곤대학교 서울캠퍼스, 호서대학교 벤처기술창업대학원에서 학생들을 가르치기 시작했다. 또한 글을 쓰는 사람이 되기도 했다.

기업의 설립 의도가 불분명해도, 미션을 다시 세우고 대표의 역할을 재정의하며 전략을 새롭게 수립하면 회사를 다시 세울 수 있다. 개인도 마찬가지다. 스스로 삶이라는 회사를 어떤 의지로 다시 설립할 것인지 질문을 던져보자. 마냥 더 많이 벌고 더 크게 성장하려고만 하면, 결국 스스로를 관리 대상이 아니라 평가 대상으로 여기게 될 것이다.

## 나는 나를 창업하기로 했다

—

설립은 거창하거나 복잡한 전략이나 계획이 아니다. 사방에 호기롭게 떠들어댈 필요도 없다. 그저 나를 남에게 맡기지 않고 남의 기준에 휘둘리지 않겠다고 선언하기만 하면 된다. 청년자기다움학교 1기를 시작할 때, 첫 오리엔테이션에서 참가자들에게 이렇게 말했다.

"여기서는 정답을 가르치지 않습니다. 대신 질문하는 법을 배웁니다. 당신이 원하는 게 무엇인지, 당신이 어디로 가고 싶은지, 당신에게 중요한 게 무엇인지 물을 겁니다."

이 말을 들은 참가자들은 모두 당황했다. 정답을 기대했는데 질문만 돌아왔으니 말이다. 하지만 3개월이 지나자 변화가 일어났다. 스스로 질문하고, 답을 찾고, 결정하기 시작했던 것이다.

한 참가자는 이렇게 말했다.

"30년 만에 처음으로 제가 뭘 원하는지 깨달았어요. 그런데 지금까지 해온 것과는 완전히 달라요."

지금과는 다른 나로 살아가겠다고 선언하는 것, 남의 기준이 아니라 내 기준으로 살겠다고 결심하는 것이 설립이다. 그러지 않으면 계속해서 남의 기준으로 평가받고, 남의 기대를 위해 운영되고, 남의 꿈을 대신 사는 삶을 산다.

"나는 나를 창업하기로 했다"라는 선언은 더 이상 주어진 대로 살지 않겠다는 것, 삶의 방향을 스스로 정하겠다는 것, 그 결과에 대해 스스로 책임지겠다는 뜻이다. 이것이 기업가정신의 본질이다. 내 삶의 경영권을 쥐는 것, 남들이 정한 길을 따라가는 게 아니라 내가 가고 싶은 길을 만들어나가겠다는 결심이 기업가정신이다.

누구나 '나'라는 회사의 대표다. 다만 그 회사를 제대로 설립하지 못하는 사람이 많다. 미션도, 비전도, 전략도 없이 굴러가고 있을 뿐이라면, 지금이라도 늦지 않았다. 그러니 나의 의지로 나를 다시 설립하라.

# '나'라는 회사를 설립하기 위한 질문

★ 삶에서 중요한 결정을 내릴 때, 당연하다는 이유로 결정한 것은 언제부터 인가? 진로, 직장, 관계, 소비 등 구체적으로 떠올려보라.

★ 부모·환경·조직의 기준인데 내가 만든 것처럼 쓰고 있는 것이 있는가? 정 말 내 기준인지는 어떻게 확인할 수 있는가?

★ '나'라는 회사를 다시 설립한다면 가장 먼저 선언하고 싶은 한 문장은? 구 체적으로, 실행 가능한 선에서 적어보라.



주식회사 이주열

# 인생의 대표 vs 운영되는 직원

한 대학교에서 특강을 하며 질문을 던졌다.

"여러분은 인생의 대표입니까, 직원입니까?"

대부분 대답을 못 한 채 멈칫했다. 웃는 학생들도 있었다. 한 참가자가 손을 들고 답했다.

"제가 제 인생의 대표여야 하는 건 알겠는데, 솔직히 직원이 더 편할 것 같아요. 시키는 대로 하면 되니까요."

솔직한 답이었고, 정확한 진단이었다. 아이는 태어나자마자 대표로 살지 않는다. 태어난 후로 어릴 적에는 부모나 주변 어른들이 삶을 대신 결정해주고 관리해준다. 그렇게 자라면서 운영되는 존재로 길이 든다.

처음에는 보호라는 명목하에 "아직 어려서 혼자 할 수 없어.

위험하니까 엄마가 해줄게"라며 아이의 기회를 뺏는다. 그다음에는 교육이라는 이름으로 "이렇게 하는 게 맞는 거야"라거나 "선생님(부모님) 말씀 잘 들어야지"라며 길을 들인다. 어느 순간부터는 성과라는 명목하에 "이 정도는 해야지, 왜 이것밖에 안 돼?"라며 관리하려 든다. 그 과정은 자연스럽고 당연하게 이뤄지므로 더욱 위험하다.

## 아이는 직원이 아니다

—

부모는 아이에게 "지금은 네가 결정할 때가 아니야"라고 말하며 관리한다. 아이가 아직 세상을 모르고 경험이 부족하다는 이유로 대신 결정을 내리려 든다. 일단은 부모가 시키는 대로 하게끔 아이를 몰아간다. 그 모든 일은 아이를 위한 거라고 세뇌한다. 나중에 크면 하고 싶은 일은 다 할 수 있다며, 지금은 참고 기다리라고, 때가 되면 부모의 마음을 이해할 거라고 몰아붙인다.

실제로 아이를 위하는 마음에서 하는 행동일 것이다. 부모는 아이가 실수하지 않길 바란다. 시행착오를 줄여주고 싶고, 길을 돌아가지 않길 원한다. 하지만 아이는 부모의 말을 전혀 다른 방식으로 해석한다. 자신에게는 아직 결정권이 없고, 자신의 생각은 중요하지 않으며, 자신이 원하는 것보다 부모가 원하는 게 더 중요하다고 느끼는 것이다.

컨설팅을 할 때 의사결정 권한이 없는 중간관리자들을 자주 봤다. 그들은 위에서 내려오는 지시를 아래로 전달하고, 아래에서 올라오는 불만을 위로 보고하기만 한다. 자신의 판단이나 결정은 없이, 그저 말을 전달할 뿐이다. 이런 중간관리자가 많은 조직은 점점 경직되고, 창의성이 사라지며, 변화에 대응하지 못한다. 아무도 책임지고 결정하려 들지 않기 때문이다.

위탁 경영 체제의 삶은 목표가 외부에서 주어지고, 평가는 점수와 등수로 이루어지며, 보상은 타인과의 비교를 통해 결정된다. 이렇게 경영되는 아이는 자신이 어떻게 생각하는지보다 남에게 어떻게 보일지를 먼저 고민한다. 운영 방식이 너무나 철저히 학습되므로, 30년이 지난 후에도 여전히 작동한다.

기업에서 성과 관리를 가장 쉽게 하는 방법이 있다면 비교다. 평균보다 높은지, 다른 팀보다 잘했는지, 작년 대비 성장했는지 살펴보면 답이 명확하고 빠르게 나온다. 관리자는 쉽게 판단하고 직원을 분류할 수 있다. 잭 웰치가 만든 악명 높은 활력곡선(Vitality Curve)처럼, 상위 20%, 중위 60%, 하위 20%로 나눠 관리하면 된다. 아이의 교육도 똑같은 방식으로 이뤄진다. 등수, 석

차, 백분위에 따라 나뉘고 관리된다. 이런 식의 분류와 비교는 빠르고 관리하기 쉬워서 효율적일지는 몰라도, 아이의 고유성을 완벽하게 파괴한다.

청년자기다움학교에서는 참가자들에게 "당신은 누구입니까?"를 끊임없이 묻는다. 그런데 대부분의 참가자는 이 질문에 답하지 못한다. 그래서 어느 대학을 나왔다거나, 어느 직장에 다닌다든가, 어떤 스펙을 갖췄는지 이야기한다. 그건 이력일 뿐, '누구'가 아닌 '무엇을 했는지'에 대한 답이다.

아이들은 "나는 누구인가?"를 묻기 전에 몇 등을 차지하는지가 의미 있다고 배운다. 내가 잘하는 것보다 남들보다 나은 게 무엇인지 찾는다. 내가 좋아하는 것보다 평균 이상인 능력이 무엇인지 고민한다. 이때부터 삶이라는 회사의 KPI는 내부 기준에 따르지 않고 외부의 평가에 좌우된다.

## 선택은 부모 몫, 책임은 자녀 몫

—

어린아이는 자신이 좋아하는 것이 분명하다. 그림 그리는 걸 좋아하면 밥 먹으라고 불러도 듣지 못하고 그림에 몰두한다. 호기심이 많은 아이라면 끊임없이 질문하며, 하나를 알려주면 열

   

가지를 묻는다. 관찰하는 걸 좋아하는 아이라면 조용히 앉아서 바라보는 것만으로도 몇 시간이고 보낸다. 이 시기의 아이들은 좋아하는 데 이유가 없다. 그냥 좋으니까 좋다. 쓸모나 가치는 따지지 않는다.

하지만 부모의 위탁 경영이 길어질수록 순수한 열정은 점차 사라진다. 부모는 좋아하는 것이 어디에 쓸모가 있는지, 무슨 목적으로 좋아하는지 묻는다. 아이는 답할 수 없다. 그 순간, 아이는 좋아하는 것에도 목적이 있어야 하나 보다고 생각한다. 질문을 좋아하는 아이에게 "쓸데없는 질문 좀 그만해"라고 말하면, 아이는 호기심에도 가치판단이 필요하다고 믿는다. 관찰하는 아이에게 "쓸데없는 데 신경 쓸 시간에 공부나 해"라고 핀잔을 주면, 아이는 관심사에도 우선순위가 있어야 한다고 배운다.

이렇듯 '좋아한다'는 감정에도 허락이 필요하고, '하고 싶다'는 마음조차 정당화가 필요한 욕구로 바뀐다. 그 과정에서 아이는 좋아하는 것만으로는 부족하며, 주변의 인정을 받으려면 쓸모가 있고 가치가 있어야 한다고 배운다. 그 결과, 어른이 되고도 "제가 뭘 좋아하는지 모르겠어요"라고 말하는 사람이 된다. 좋아하는 일이 무엇인지도 모르고, 꿈도 모르는 사람이 되는 것이다.

어느 포럼에서 만난 30대 중반의 예비 창업자는 대기업 10년

차로, 꽤 높은 연봉을 받았다. 누가 봐도 성공한 커리어였다. 그런데도 그는 이렇게 말했다.

"제가 뭘 하고 싶은지 모르겠어요. 그냥 잘하는 걸 해왔어요. 영어를 잘해서 무역팀에 갔고, 숫자에 강해서 재무로 옮겼고, 프레젠테이션을 잘한다고 전략팀으로 이동했거든요. 그런데 제가 원하는 건지는 모르겠어요."

뭘 하고 싶은지 물었더니, 그는 한 번도 생각해본 적이 없다며 당황했다. 30대 중반이나 됐는데 갑자기 사춘기가 왔다거나 성장통을 겪는 게 아니다. 오래된 위탁 경영으로 인한 당연한 결과다. 누구도 그에게 좋아하는 것을 묻지 않았고, 잘하는 것만 더 강화되게 했다. 그러니 그는 자신이 원하는 것을 탐색하지 않았고, 그저 평가만 받았다.

내면의 목소리에 귀기울인 적 없이 외부의 기준만 따르며 살다 보면, '나'라는 상호는 점점 흐려진다. 상호가 있다 해도 실체가 없다. 등기는 되어 있는데 운영 주체는 알 수 없다. 위탁 경영의 가장 큰 문제는 결정의 주체가 경영자가 아니라는 것이다. 그런데 정작 아이의 삶을 대신 결정해준 사람들이 책임을 지지는 않는다. 성적이 안 나오면 노력을 안 했다며 아이를 탓하고, 진로가 흔들리면 자신이 선택한 거 아니냐며 아이에게 책임을 떠넘긴다. 일이 잘 풀리지 않으면 아이를 위해서 한 일이라고 변명한다. 결정은 위에서 내려왔지만, 책임은 언제나 아래로만 떨어진다.

컨설팅할 때도 본사에서 전략을 짜서 현장으로 내려보내는 경우가 있다. 전략대로 했는데도 성과가 안 나오면 본사는 현장 탓만 한다. 현장 직원들은 답답하다. 본사의 전략이 현장과는 맞지 않다고 몇 번이나 보고했는데도, 본사는 모르쇠로 일관한다. 결정은 본사가 내렸지만, 실패의 책임은 현장이 지게 한다. 이것이 위탁 경영의 구조다. 회사가 시키는 대로 일했는데, 조직의 방향을 충실히 따랐는데, 혹은 상사가 하라는 대로 했는데 결과는 전부 아랫사람의 몫이 된다.

위탁 경영의 가장 무서운 점은 자신이 선택하지 않았는데도 모든 결과를 떠안아야 한다는 것이다. 그러면서도 이런 결과가 왜 나왔는지 명확히 이해하지도 못한다. 애초에 그 선택을 자신이 내린 것이 아니었기 때문이다.

한 청년이 찾아와서 상담한 적이 있다.

"저는 부모님이 원하는 대로 살았어요. 의대 가라고 해서 갔고, 전공의까지 마쳤어요. 그런데 행복하지 않아요. 부모님께 내가 선택한 길이 아니라고 했더니, 부모님은 네가 선택한 거 아니냐, 우리는 강제로 시킨 적이 없다고 하셨어요. 왠지 억울해요."

기가 막힌 논리다. 하지만 많은 부모가 그렇게 말한다. 그들은 진심으로 강제하지 않았고, 자녀에게 선택권을 줬다고 믿는다. 하지만 선택권을 준 게 아니라, 승인받을 만한 선택지만 제시하고 그중 하나를 고르게 한 것이다. 선택이 아니라 유도심문이다.


## 위탁 경영은 보호가 아닌 리스크다

—

위탁 경영의 구조는 어느 날 갑자기 성립되지 않는다. 천천히, 자연스럽게, 일상적으로 스며든다. 주변에서는 다들 이렇게 산다고, 원래 사회가 그렇고 그게 현실이니 어쩔 수 없다고 말한다. 그러면서 세상을 바꿀 수는 없으니 네가 바뀌어야 한다고 강요한다. 이런 말들이 반복되고 쌓이면서 위탁 경영은 상식이 된다. 그리고 상식이 되는 순간, 더 이상 의심하거나 질문하지 않는다. 다른 방식이 가능할 거라고는 상상도 하지 못한다. 주변의 모든 사람이 같은 방식으로 살고 있기 때문이다.

대학생들과 대화하다 보면 이런 말을 자주 듣는다.

"제가 결정하는 대로 살면 현실에서 살아남을 수 있나요? 이상론인 것 같아요. 주변 사람들은 다 경쟁하는데, 저만 다르게 살 수는 없잖아요."

이 말에는 현실은 고정되어 있고 정해진 현실에 적응하는 것만이 답이라는 전제가 깔려 있다. 하지만 그 현실은 누가 만든 것일까? 현실은 정말 바뀔 수 없는 걸까? 정말 다른 방식은 없을까? 모두 그렇게 산다는 것이 현실에 적응해야 할 이유가 될까?

물론 위탁 경영이 나쁘기만 한 것은 아니다. 어린아이에게는 보호가 필요하고, 판단력과 결정 능력은 어른이 될 때까지 시간을 두고 키워야 하는 자질이다. 세 살짜리 아이에게 모든 일을 알아서 하라고 할 수는 없다. 여덟 살 아이가 모든 문제를 스스로 판단하길 기대하는 건 무리다. 아이가 성장하는 동안 부모가 대신 결정해야 할 일이 있고, 교사가 방향을 제시해줄 필요도 있다. 게다가 사회는 사회 구성원들에게 적절한 기준을 제공해야 한다.

문제는 이 구조가 어른이 되어서도 계속 유지되는 것이다. 서른이 넘어서도 누군가의 기준에 맞춰 살거나 여전히 승인받기를 기다리며 남과의 비교를 통해서 자신의 가치를 판단하면 안 된다.

나는 번아웃을 겪을 때 아침에 일어나기가 힘들고, 회의에 가는 게 두려웠으며, 클라이언트를 만나는 게 부담스러웠다. 일을 하는 이유가 점차 흐려져갔다. 그제야 40년 넘게 위탁 경영을 해왔다는 사실을 깨달았다. 부모가 원하는 전공을 선택했고, 사회가 인정하는 직업을 택했으며, 조직이 평가하는 방식으로 일했던 것이다. 겉으로 보기엔 성공적인 삶이었다. 하지만 내면은 텅 비어 있었다. 물론 그 모든 건 내가 간절히 원해서 선택한 것이었지만, 사회적인 기준에 의해 선택했다.

그렇기에 위탁 경영은 보호가 아니라 리스크다. 성장의 도구가 아니라 족쇄다. 안전장치가 아니라 제약이다. 물론 과거를 탓하는 것은 아니다. 부모를 비난하거나 교육 시스템을 저주하는 것도 아니다. 부모도 그렇게 배웠고 살아왔다. 그들의 부모도, 교사도, 사회도 그렇게 했다. 이는 개인이 아닌 구조의 문제다. 위탁 경영에 길든 지금의 나는 오래된 구조의 결과인 셈이다. 내가 원해서 된 게 아니라 이렇게 만들어진 것이다. 선택해서 이곳에 있는 게 아니라 유도된 것이다.

이제는 스스로 선택해야 한다. 자신의 결정에 스스로 책임지기로 마음먹으면 다음 질문은 "내 삶의 경영권을 회수할 준비가 되었는가?"로 자연스럽게 넘어간다. 나를 경영하기로 결심하면 모든 게 달라진다. 자기다움 워크숍이 끝나갈 무렵, 한 참가자가 이렇게 말했다.

"지난 30년 동안 승인받으며 살았어요. 그게 편했어요. 책임지지 않아도 됐으니까요. 그건 편한 게 아니라 비겁한 거였어요. 이제는 제가 선택하고 책임지고 싶어요."

편함을 포기하고 책임지기로 선택해야 삶의 경영권을 회수할 수 있다. 승인을 기다리지 않고 스스로 결정하며, 남의 기준이 아니라 내 기준에 따라 사는 것이 쉽지는 않다. 하지만 그것이 유일한 길이다.

**Think about it**

### 경영권을 회수하기 전에 던질 질문

★ 언제부터 내가 원하는 것보다 잘 보이는 선택을 우선했는가? 구체적인 순간을 떠올려보라. 그때 무엇을 포기했는가?

★ 내 삶인데도 여전히 승인받아야 움직이는 영역은 무엇인가? 누구의 승인을 바라는가? 그 사람이 정말 내 삶을 책임질 수 있는가?

★ 경영권을 회수한다면 가장 먼저 바꾸고 싶은 결정은 무엇인가? 작은 것부터 시작해도 좋다. 오늘 당장 시작할 수 있는 한 가지가 있다면?

# 나를 경영하기로 결심한 날

특별한 사건이 있어서가 아니라, 오히려 아무 일도 일어나지 않았기 때문에 오래 기억에 남는 날이 있다. 평범한 월요일 아침일 수도 있고, 알람이 울려서 잠자리에서 일어나 씻고 옷을 입고 출근길에 오르는 익숙한 루틴일 수도, 주말의 여유로운 오후일 수도 있다. 카페에 앉아 커피를 마시며 창밖을 바라보던 순간이라든가, 밤늦게 침대에 누워 천장을 바라보던 때인지도 모르겠다.

그때 당시, 성과는 나쁘지 않았다. 남들보다 뒤처진 삶을 사는 것도 아니었다. 겉으로 보기에 잘 돌아가는 것만 같았다. 승진도 했고, 수입도 늘었고, 주변 사람들도 잘나간다고 말하는데, 정말 문득, 아무 이유 없이 이런 생각이 들었다.

"이것뿐이라면, 나는 이 삶을 계속 살 수 있을까?"

불만이나 포기가 아니었다. 비난도 아니었다. 오히려 삶이 지나치게 평온하고 익숙해서 오랫동안 외면해온 질문이었다.

## 레드 시그널, 외부 기준이 작동하지 않는 순간

—

외부 기준에 따라 살아가는 사람이 많다. 남들에게 뒤처지지 않기 위해 친구가 가는 학교를 따라가고, 남들의 선택을 참고해서 회사에 취직하고, 같은 연차의 평균 연봉을 확인한다. 실패자로 보이지 않기 위해 SNS에는 성공한 듯 보이는 순간만 올리고, 힘든 이야기는 가까운 한두 사람에게만 겨우 털어놓고, 겉으로는 괜찮은 척한다. 부모님이나 친구, 동료에게 무시당하지 않으려고, 좋은 평가를 받으려고 발버둥 친다. 이런 기준은 꽤 유용할 때가 많다. 나아갈 길을 잃지 않게 해주고, 최소한의 안전을 보장해주니까. 무엇을 선택해야 할지 모를 때 방향을 제시해주기도 한다.

나도 컨설턴트로 일할 때 그랬다. 성과도 올렸고, 프로젝트마다 좋은 평가를 받았으며, 연봉도 꾸준히 올랐다. 외부에서 볼 땐 꽤 괜찮았다. 그런데 언제부턴가, 이런 기준에 따르는데도 더 이상 마음이 움직이지 않았다. 승진해도 그 기쁨이 오래가지 않았고, 수입이 늘어도 마음이 채워지지 않았으며, 남들에게 인정받는 게 시답잖게 느껴졌다. "그래서 뭐? 이게 전부야? 다음은 뭐지?" 하는 생각에 자꾸 머뭇거렸다. 처음으로 삶의 진짜 문제와 마주했다. 청년자기다움학교를 운영하면서 비슷한 이야기를 정말 많이 들었다.

"제가 원하던 회사에 들어갔어요. 연봉도 괜찮고, 커리어도 쌓이고 있어요. 그런데 뭔가 허전해요."

"하고 싶었던 일을 하고 있는데, 왜 이렇게 공허한지 모르겠어요."

"남들이 부러워하는 삶을 사는 것 같은데, 정작 저는 행복하지 않아요."

단언컨대, 이는 개인이 아닌 구조의 문제다. 외부 기준에 맞춰 달리다 보면, 그 기준이 더 이상 작동하지 않는 순간이 온다. 그제야 멈춰 서서 묻는다. "나는 뭘 위해 달리고 있지?" 사람들은 이 시점을 번아웃이라거나 권태기 혹은 중년의 위기라고 일축한다. 그래서 휴가를 떠나거나, 새로운 취미를 찾거나, 더 열심히 일하라며 스스로를 몰아붙인다. 자신이 충분히 노력하지 않아서라고, 조금만 더 참으면 괜찮아질 거라고 자신을 기만한다. 나는 이를 레드 시그널(Red Signal)이라고 부른다.

　기업의 경우, 성과가 나쁘지 않은데도 내부에서 불안이 커진다면 능력이 아닌 방향이 문제다. 어느 중견 기업을 컨설팅했는데, 매출은 오르고 시장 점유율도 유지하고 있어서 수치상으론 문제가 없었다. 그런데 CEO는 뭔가 잘못되고 있는 것 같다며 불안해했다. 현장을 분석해보니 핵심 인재가 조용히 떠나고, 고객 만족도가 떨어지고 있는 데다, 직원들은 열정이 없었다. 수치는 좋은데 방향이 틀렸다는 느낌이 드는 건 그래서였다. 그래서 CEO에게 물었다.

　"회사가 왜 존재하는지 아십니까?"

　"그야 매출을 내기 위해서죠."

　"그것뿐인가요?"

　CEO는 답하지 못했다. 20년이나 최선을 다해 경영하면서도 회사가 왜 존재해야 하는지 알지 못했다. 매출을 내고, 성장하고, 살아남는 게 전부였다.

　삶도 마찬가지다. 내가 충분히 잘하지 못해서가 아니라, 어디로 가고 있는지 모른 채 계속 잘만 하는 게 문제다. 열심히 달리고는 있지만 어디로 가는지 모르고, 속도는 빠른데 목적지는 모호하며, 성과는 오르지만 의미는 사라진 상태다. 이때가 바로 방향을 재설정하는 기회가 된다.

## 이제는 나답게 살아야겠다

—

"이제는 나답게 살아야겠다."

아주 단순한 한 문장이지만, 아주 위험하기도 하다. 이 문장을 진심으로 입 밖으로 내뱉는 순간, 이전에 내가 한 많은 선택이 의심스러워질 테니까.

이 일은 정말 나다운가? 내가 선택해서 시작한 일인가? 아니면 안전해 보여서 선택한 일인가? 남들이 부러워할 것 같아서 선택했나? 아니면 내가 정말 하고 싶어서 시작했나?

이 관계는 나를 진정으로 살게 하는가? 이 사람과 함께 있을 때 나다워지는가, 아니면 눈치만 보는가? 이 관계에서 나는 성장하는가, 아니면 소모되는가?

이 속도는 감당할 수 있는가? 내가 원해서 선택한 속도인가, 아니면 남들에게 뒤처지지 않으려고 억지로 쥐어 짜낸 것인가? 이게 나에게 맞는 속도인가, 아니면 남들의 속도에 맞춘 것인가?

나다움 세미나의 참가자가 이렇게 말했다.

"이제껏 나다운 게 뭔지 생각해본 적이 없어요. 누가 봐도 괜찮아 보이는 일만 골랐어요. 괜찮은 학과, 취업 잘되는 전공, 연봉 높은 회사라는 식으로요. 그런데 그게 다 남들의 기준에만 맞춘 것이었죠. 이제는 처음부터 다시 물어봐야겠어요. 나는 뭘 좋아하는지, 뭘 잘하는지, 어떻게 살고 싶은지 말이죠."

나답게 살겠다는 선언은 성공을 약속하지도, 행복을 보장하지도 않는다. 그러나 외부의 평가에서 내부의 판단으로 삶의 기준을 바꾼다. 남들의 시선에서 나의 선택으로, 비교에서 고유성으로 시선을 돌린다. 이는 곧 기업가정신으로 통한다.

대개 기업가정신이라면 창업을 떠올린다. 하지만 기업가정신의 본질은 남 탓으로 돌리지 않는 태도다. 선택의 결과를 스스로 감당하고, 일이 잘 풀리지 않아도 환경이나 조건을 탓하기보다는 자신이 세운 전략과 선택이 옳지 않다고 여기는 것이다. 실패의 원인을 환경이 아니라 구조에서 찾고, 재수나 운 탓으로 돌리기보단 무엇이 어떻게 잘못됐는지 파악해서 다시금 시도한다. 이렇게 책임을 지는 태도는 자신이 최선을 다했으며 다음에 또다시 시도하겠다고 마음먹는다.

서울벤처포럼에서 수많은 창업자를 만났는데, 그중에서 실패하는 사람들은 패턴이 있었다.

"시장이 안 좋아서 안 됐어요."

"고객들이 몰라줘서 망했어요."

"정부 지원이 부족해서 실패했어요."

이렇듯 모든 실패의 원인을 외부에서 찾는다. 그래서 다음에 또 사업을 해도 똑같은 방식으로 접근하고, 또다시 실패한다.

반면에 성공하는 사람들은 마음가짐부터 다르다.

"마케팅 전략이 잘못됐어요. 타깃을 잘못 잡았거든요."

"제품은 좋았는데, 타이밍이 빨랐어요."

"제 경영 역량이 부족했어요. 팀을 제대로 꾸리지 못했어요."

이렇듯 실패의 원인을 내부에서 찾고, 이를 반영해 다음번에는 다른 접근을 찾는다. 그 결과 성장한다. 그런데 이런 마음가짐이 아니고 남 탓만 하면 창업은 모험이 아니라 무모함이 된다. 실패할 때마다 시장을 탓하고, 고객을 탓하고, 정부 정책을 탓하다가 결국 포기하고 만다.

반대로 내부에서 원인을 찾는다면, 직장인으로 살아도 기업가정신을 발휘하는 삶을 산다. 상사의 지시를 받더라도 내 판단을 포함하고, 그로 인한 결과에 책임지며, 다음번에는 더 나은 방식을 찾는다. 그러면 자기 삶의 CEO가 된다.


## 경영권 회수의 첫 번째 변화

—

스스로 자기 삶의 CEO가 되어 삶의 경영권을 회수해야 한다. 그러나 이는 모든 것을 혼자 결정한다는 뜻이 아니다. 다른 사람의 조언이나 외부의 피드백을 무시하겠다는 것도, 혼자서도 다 할 수 있다는 오만함도 아니다.

오히려 남에게 위임할 부분을 명확히 정해서, 어떤 일은 전문 가에게 맡기고 어떤 부분에서는 다른 사람의 도움을 받아야 할지 결정한다. 대신 직접 판단할 부분을 찾아, 어떤 결정을 직접 내리고 어떤 선택은 걸러낼지 스스로 정한다. 책임의 한계를 스스로 짊어지고, 결과가 잘못되면 어디까지 감당할지 확인한다. 그 한계와 경계를 의식적으로 그리겠다고 선언하는 일이 삶의 경영권을 회수하는 것이다.

내가 컨설턴트를 그만두고 교육자의 길로 들어섰을 때, 주변에서는 경력에 공백이 생겨 다시 재기하기 힘들 거라며 말렸다. 맞는 말이었다. 실제로 그랬으니까. 수입은 절반 이하로 줄었고, 안정성을 잃었으며, 미래도 불투명했다. 하지만 나는 선택의 결과를 감당할 준비가 되어 있었다. 남이 권하고 정해준 길이 아니라, 내가 원하고 선택한 길이었다. 그것이 경영권을 회수한다는 말의 의미다.

이전까지는 주어진 선택지 중에서 고르는 삶이었다면, 경영권을 회수하기로 결심한 이후로는 선택지를 설계하는 삶이 된다. A와 B라는 주어진 선택지 중에 뭘 고를지 고민하는 대신, C라는 새로운 선택지를 만들기 위해 고민한다.

그러나 이런 결심을 했다고 해서 삶이 바로 바뀌지는 않는다.

여전히 출근해야 하고, 회의에 참석해야 하며, 월세는 내야 하고, 인간관계는 유지해야 한다. 여전히 해야 할 일은 많고, 책임은 줄어들지 않으며, 현실을 견뎌야 한다. 갑자기 없던 시간과 돈이 생기는 것도 아니다. 그러니까 결심 한번에 마법처럼 모든 게 달라지지는 않는다는 말이다.

하지만 단 하나, 바뀌는 것이 있다. 바로 판단의 주체다. 지금 하는 일을 왜 하는지 명확해진다. 일은 "회사가 시켜서"가 아니라 "나의 성장에 도움이 되니까" 하는 것이고, 인간관계는 "어쩔 수 없어서"가 아니라 "이 사람이 내게 소중하니까" 혹은 "아직 배울 게 있으니까" 이어간다. 왜 지금의 속도를 선택했는지 이해할 수 있다. "남들도 다 그러니까"가 아니라 "지금 이 속도가 내게 맞으니까".

제자 중 하나가 이렇게 말했다.

"3개월 전이나 지금이나 하는 일은 똑같아요. 다니던 회사 다니고, 하던 업무 하고, 만나던 사람들을 만나요. 그런데 이상하게 느낌이 달라요. 전에는 해야 하니까 했는데, 지금은 하기로 마음먹어서 하는 것 같아요. 똑같은 일인데도 느낌이 완전히 다르더라고요."

이게 경영권 회수의 첫 번째 변화다.

그러므로 이제는 스스로 답해야 한다. 남의 답이 아니라 내

답으로, 남의 기준이 아니라 내 기준으로. 그때부터 삶은 비로소 경영의 대상이 된다.

## 책임질 준비

—

그렇다고 경영권 회수에는 무조건적인 용기를 요구하지 않는다. 무모함을 부추기지도 않는다. 당장 회사를 그만두라고 하는 것도 아니다. 다만 책임질 준비를 하라는 것이다.

"나는 이제 내 판단의 결과로 내 삶을 받아들이겠다."

이 문장을 당당히, 진심으로 말할 수 있다면, 당신은 이미 나를 경영하기 시작한 것이다.

나는 41살이 되어서야 이렇게 선언했다. 늦었다고 생각할 수도 있다. 하지만 41살이라도 시작한 것과 시작하지 않은 것은 완전히 다르다.

경영권 회수를 선언한 후로 12년이 지났다. 청년자기다움학교를 만들어 운영했고, 300명 넘는 청년들을 만났으며, 몬드라곤대학교 서울캠퍼스에서 팀프러너십(Teampreneurship)을 가르치고, 서울벤처포럼을 운영하면서, 책을 쓴다. 만약 그때 경영권을 회수하지 않았다면, 여전히 컨설턴트로 일하면서 번아웃에 시달리고 있을 것이다. 성과는 있을지 몰라도 의미는 없는 삶을 살아야 했을 것이다.

이제 다음 질문은 이것이다. 나는 어떻게 성장할 것인가?

최근에 외부 기준이 더 이상 나를 움직이지 못하게 된 순간은 언제였는가? 승진, 인정, 성과 등이 예전만큼 기쁘지 않았던 때를 떠올려보라. 무엇을 느꼈는가? 지금까지 환경 탓으로 넘기고 선택 아닌 선택을 했던 일 중에서 다시 설계해야 할 것이 있다면 구체적으로 한 가지만 적어보라. 내가 선택한 게 아니라 어쩔 수 없었다며 도피하기만 했던 것은 무엇인가?

오늘, 내 삶의 CEO로서 가장 먼저 내려야 할 결정은 무엇인가? 사소한 것이어도 좋다. 오늘 당장 시작할 수 있는 한 가지는 무엇인가?

## 경영권을 회수하면서 던질 질문

★ 외부의 기준이 더 이상 기쁘지 않았던 때는 언제인가? 무엇을 느꼈는가?

★ 지금까지 선택한 것 중에서 다시 설계할 것은 무엇인가? 무엇에서 도피했
  는가?

★ 경영권을 회수했으니, 가장 먼저 내려야 할 결정은 무엇인가? 당장 시작할
  수 있는 사소한 일이 있는가?

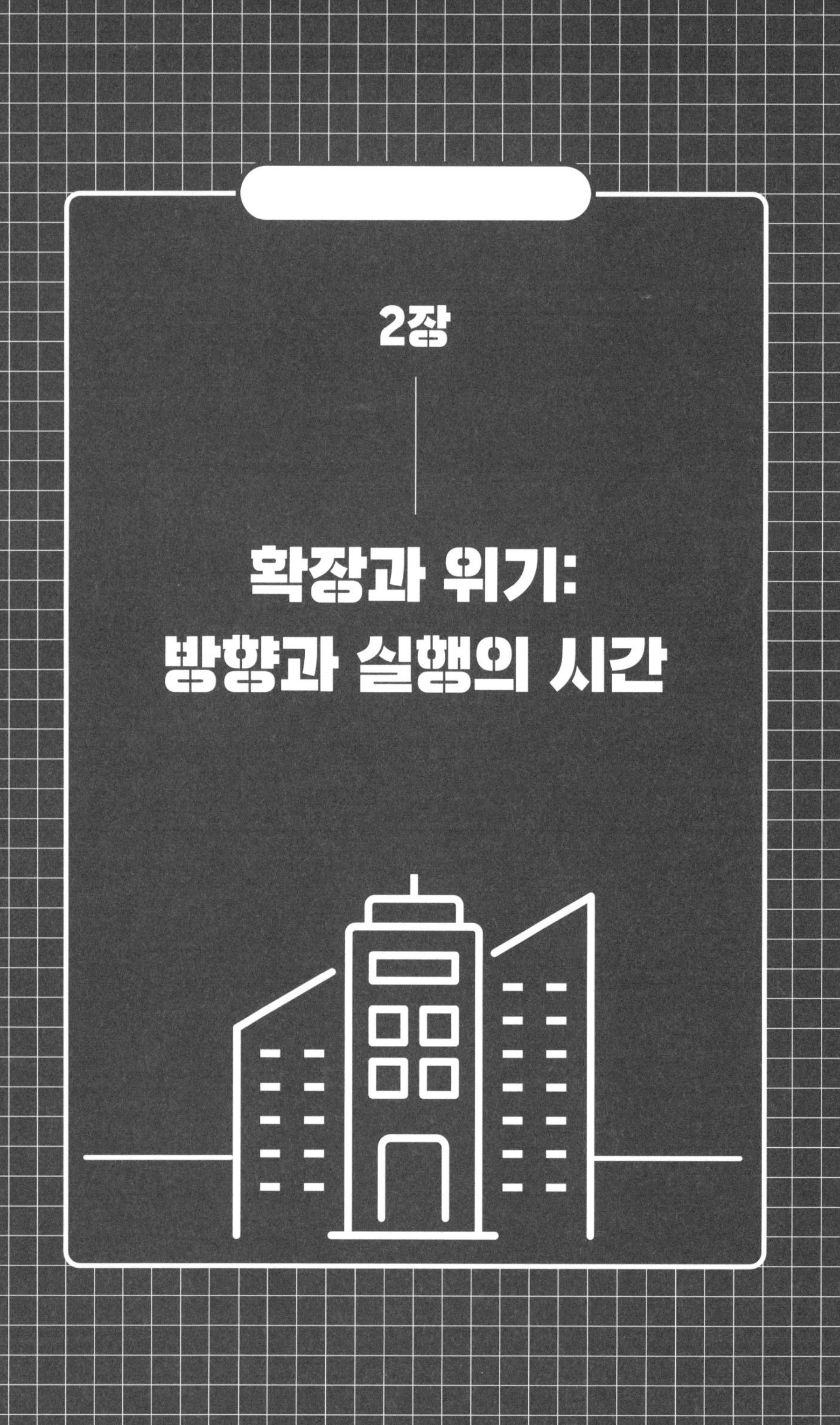

2장
확장과 위기:
방향과 실행의 시간

:

# 안정이라는 리스크

## 안정은 성공의 증거가 아니다

—

사람은 누구나 안정을 원한다. 모험을 떠나고 싶다고도 생각하지만, 일상에서는 안정적으로 살고 싶어 한다. 나약해서가 아니다. 그저 인간의 본성이라고도 할 것이다. 그렇기에 어느 정도 성공하거나 성과를 거두면 내면에서 이런 목소리가 속삭인다. '이 정도면 괜찮지 않을까? 굳이 모험을 해가며 불안정한 삶을 살 필요가 있을까?'

심지어 이 속삭임은 너무도 매력적이다.

한 그룹의 요청으로 3~7년차 사원 및 대리급과 나다움 워크숍을 한 적이 있다. 그중에 이렇게 묻는 직원이 있었다.

"요즘 진짜 안정적이에요. 회사도 좋고, 연봉도 올랐고, 업무도 익숙해요. 그런데 이상하게 불안해요. 제가 이상한 건가요?"

나는 왜 불안하게 느끼는지 물었다.

"계속 이렇게만 살 것 같아서요. 5년 뒤에도, 10년 뒤에도 똑같을 것 같아요."

사실 그의 불안감은 이상하지 않다. 오히려 정상이다. 안정이 때로는 가장 큰 리스크가 될 수 있다는 사실을 그는 본능적으로 느낀 것이다.

기업을 비롯한 사람도 안정적인 구간에 들어서면 비슷한 신호를 보인다. 수입이 일정해지고, 역할이 익숙해지며, 예측 가능한 매일이 반복된다. 남들이 보기에는 아무 문제가 없다. 오히려 성공한 인생처럼도 보인다.

컨설팅을 할 때, 20년간 안정적으로 성장해온 회사를 본 적이 있다. 매출은 꾸준했고, 직원 이직률도 낮았으며, 시장 점유율도 여전했다. 수치상으로는 지극히 안정적이었다. 그런데도 CEO는 불안해했다.

"회사가 너무 조용해요. 아무 일도 일어나지 않아요."

"그게 나쁜 건가요?"

"모르겠어요. 그런데 왠지 위험한 느낌이 들어요."

결론적으로, CEO의 직감이 옳았다. 그 회사는 5년간 신제품은 하나도 출시하지 않았다. 기존 제품만으로도 충분히 먹고살 수 있었기 때문이다. 연구개발팀은 있었는데 연구자가 없었다. 굳이 위험을 감수할 이유가 없었기 때문이다.

그로부터 3년 뒤, 회사는 시장에서 밀려났다. 경쟁사들이 새로운 기술로 무장하고는 새로운 제품을 쏟아냈던 것이다. 그제야 허겁지겁 연구개발을 시작했지만, 땡, 이미 늦었다. 기업의 관점에서 볼 때, 성장을 멈춘 순간이 아니라 성장하지 않아도 된다고 느끼는 순간이 가장 위험하다.

안정된다고 해서 게을러지는 것은 아니다. 무엇보다 가장 큰 문제는 질문을 멈추게 만든다는 점이다. 왜 이 일을 하는지, 이 방식이 여전히 맞는지, 다른 가능성은 없는지, 더 이상 궁금해하지 않는다. 돌아보지 않고 확인하려 하지 않는다. 안정에 접어든 삶과 기업은 이런 질문을 뒤로 미룬다.

충청스타트업벤처포럼에서 만난 40대 후반의 예비 창업자는 대기업에서 20년간 근무했다. 조금만 더 있으면 임원으로 승진할 참이었다. 그런데 그는 회사를 그만두고 창업을 준비하고 있었다.

"왜 그만두셨어요? 조금만 더 있으면 임원이었잖아요."

"20년 넘게 같은 일만 했어요. 과장에서 차장, 차장에서 부장으로 차근차근 승진했어요. 하지만 하는 일은 늘 똑같았어요.

좀 더 큰 팀을 관리하고, 더 큰 예산을 다루고, 더 많은 보고서를 쓰는 것뿐이었죠.”

“그래도 안정적이잖아요.”

“네, 안정적이죠. 너무 안정적이어서 무서울 정도로요. 10년 뒤에도 똑같이 살 것만 같았거든요. 그게 싫었어요.”

이렇게 안정적인 상태를 기업은 관성 경영이라고 한다. 일은 하지만, 방향은 없다. 움직이긴 하지만, 어디로 가는지 모른다. 바쁘긴 한데, 왜 바쁜지 모른다. 어제 한 일을 오늘도 하고, 오늘 한 일을 내일도 할 뿐이다.

지금 하는 일을 왜 하고 있는지, 왜 지금의 전공을 계속 공부하는지 학생들에게 물으면 대개는 “원래 하던 거니까요”라고 답한다. 질문 없이 반복되는 루틴, 이유 없이 지속되는 습관, 이런 게 바로 관성이다. 지나친 안정은 어디로 가고 있는지 질문하지 않게 한다.

## 지금의 안정은 과거에 한 선택의 결과다

—

대부분의 사람들은 안정적인 삶을 원한다. 하지만 냉정하게 말하면, 안정은 목표가 아니다. 선택의 결과일 뿐이다. 안정적인 삶을 원하기에 위험을 줄이는 선택을 반복했고, 익숙한 길에서 벗어나지 않았으며, 새로운 시도를 미뤘다. 그 결과, 안정적인 삶을 산다.

문제는 그 선택들이 지금의 나를 기준으로 하지 않는다는 것이다. 안정을 원하던 나는 과거의 나다.

2년 전에 제자 하나가 오랜만에 찾아왔다.

"공무원이 되겠다고 결심한 게 23살 때였어요. 그때는 안정적으로 살고 싶었고, 그러려면 그게 최선의 선택이었어요. 공무원이 되니 부모님도 좋아하셨고, 주변에서도 부러워했죠. 지금 전 31살이 됐어요. 8년 동안 저는 많이 변했는데 직업은 그대로예요. 23살의 제가 선택한 안정 속에서 31살의 저는 숨이 막혀요."

시간이 흐르면 사람은 변한다. 가치관도 바뀌고, 역량도 늘고, 원하는 바도 달라진다. 하지만 삶의 구조는 안정적일지 몰라도 과거에만 머물러 있다.

안정은 실은 '선택하지 않겠다는 선택'의 결과다. 더 도전적인 프로젝트를 선택하지 않고, 불편한 대화를 시작하지 않으며, 새로운 분야를 공부하지 않은 결과, 안정이 온다. 선택하지 않는 것도 선택은 복리처럼 쌓인다.

컨설팅을 할 때 "우리는 위험한 투자는 안 해요. 검증된 것만 해요. 안전한 게 최고예요"라고 하는 기업이 있었는데, 그렇게

10년을 보낸 회사는 어떻게 됐을까? 결국엔 시장에서 도태됐다. 그러니까 안정은 결코 안전하지 않다.

개인도 마찬가지다. 안정적인 게 최고라며 위험한 선택은 하지 않으며 10년을 보낸 사람은 성장은 멈췄다.

기업은 성장을 멈춘 순간 유지 비용이 늘어난다. 시장도, 기술도, 사람도 계속 움직이기 때문이다. 경영학에는 붉은 여왕 효과(Red Queen Effect)라는 개념이 있는데, 루이스 캐럴의 《거울 나라의 앨리스》에서 비롯한 말이다. "같은 자리에 있으려면 전력으로 달려야 한다." 가만히 있으면 될 것 같은데, 그렇지 않다. 주변이 계속 움직이기 때문이다. 당신이 멈춰 있는 동안 시장은 변하고, 기술은 발전하며, 경쟁자는 앞서간다. 그래서 제자리에 있으려면 오히려 더 빨리 달려야 한다. 지박령이 한자리에 머무르려면 지구의 자전과 공전을 비롯한 태양계의 움직임까지도 고려해서 움직여야 하는 것과 마찬가지다. 제자리에 머무르는 것이 결코 움직이지 않는다는 뜻이 아니라는 말이다.

삶도 마찬가지다. 배우지 않으면 금세 뒤처진다. 10년 전 지식으로 현재의 문제를 풀 수는 없다. AI를 활용하는 게 일상이 된 시대에 10년 전 방식으로 일하면 도태될 뿐이다.

인간관계도 새로운 사람을 만나지 않으면 점점 고립된다. 청년자기다움학교 졸업생들 중에서 빠르게 성장하는 사람들의 공통점은 계속 새로운 사람을 만난다는 것이다. 반대로 정체된 사람들은 예전 인맥을 계속 유지하기만 한다.

한편 실행하지 않으면 판단력이 무뎌진다. 기업 자문을 할 때 가장 안타까운 순간이 "예전에는 판단이 빨랐는데, 요즘은 결정을 못 내리겠어요"라고 말하는 경영진과 만날 때다. 결정을 못 내린다는 건 실행 근육이 약해졌기 때문이다. 근육은 쓰지 않으면 빠지듯이, 판단력도 마찬가지다.

## 안정의 반대는 의식적 확장이다

—

성장 없는 안정은 사실상 조용한 후퇴나 다름없다. 갑자기 상황이 나빠지거나 달라지는 게 아니다. 그저 조금씩 물러나고 있었는데 눈치채지 못했을 뿐이다.

그런데 사람들이 안주하려는 이유가 있다. 안정을 깨는 순간 모든 것을 걸어야 한다고 생각하기 때문이다. 그러니까 안정이 아니면 모험해야만 한다고 여기기 때문이다. 안정을 포기하려면 회사를 그만두거나, 도전하려면 지금껏 쌓아온 모든 걸 버리거나, 변화를 원하면 이제까지와는 180도 다른 삶을 살아야 한다고 오해한다. 너무 위험하다. 그래서 결국 아무것도 하지 않는다.

하지만 안정의 반대는 위험이 아니라, 의식적인 확장이다. 의식적 확장을 하는 방법에는 3가지가 있다.

첫째, 작은 실험을 허용한다. 즉흥 연주를 할 때, 뛰어난 연주자는 완전히 다른 멜로디로 갑자기 뛰어들지 않는다. 기존에 연주하던 멜로디에서 한두 음을 바꿔보고, 리듬을 살짝 틀면서 실험한다. 그러다가 관객의 반응이 좋으면 조금 더 나아간다.

회사를 그만두지 않고도 할 수 있는 일은 많다. 주말에 관심 있는 분야의 스터디에 참여하거나, 업무 시간에 새로운 방식으로 보고서를 써보는 식이다. 이런 작은 실험이 쌓이다 보면 나아가야 할 방향이 보인다.

대한민국 최고의 가전 회사에서 신사업 전략에 관해 강의했다. 그중에 꽤 일을 잘하는 데다 하고 싶은 일이 많은 30대 초반의 청년이 있었다. 평일에는 회사를 다녔지만, 주말마다 작은 프로젝트를 진행했다. 3개월 동안 6개의 프로젝트를 시도했는데, 그중 2개가 괜찮은 성과를 거두었다. 그 경험을 바탕으로 그는 1년 뒤 창업했다. 실패 리스크를 최소화하면서 가능성을 검증한 것이다.

둘째, 통제 가능한 범위에서 도전한다. 서울벤처포럼을 운영하면서 수많은 예비 창업자를 만났는데, 대개 실패하는 사람들

은 일단 퇴사해서 모든 저축을 쏟아붓고 1년 안에 성과를 내겠
답시고 달려들었다. 도전처럼 보이겠지만, 사실은 도박이다.

성공하는 사람은 직장을 다니면서 사이드 프로젝트로 시도
해본다. 매출이 나오면 투입하는 시간을 늘리고, 확신이 생기면
그제야 퇴사하고 창업으로 뛰어든다. 통제 가능한 범위 안에서
리스크를 관리하는 것이다.

그래서 퇴사하고 싶다고 말하는 사람들에게 나는 '반반'을 권
한다. 회사는 계속 다니되, 남은 시간에 하고 싶은 일을 6개월
정도 해보고, 잘되면 그때 퇴사하라고 말이다. 실제로 '반반' 시
도로 창업에 성공한 사람도 있다.

셋째, 실패를 학습으로 전환하는 구조를 만든다. 사실상 실험
에는 반드시 실패가 따른다. 문제는 실패 자체가 아니라, 실패
에서 배우지 못하는 것이다. 그래서 청년자기다움학교에서는
매주 '실패 공유회'를 한다. 이번 주에 시도했다가 망한 일을 돌
아가며 이야기하는 것이다. 처음에는 다들 부끄러워하지만, 점
차 한 사람의 실패를 보고 다른 사람이 배운다. 내 일이라면 잘
안 보일 텐데, 남의 일이니 더 잘 보인다. 한발 떨어져 객관적으
로 바라볼 수 있기 때문이다. 무엇을 하면 안 되는지, 내가 해볼
만한 일은 무엇인지 등 실수를 피할 수 있다.

실패에서 배우지 않으면, 실패는 상처로 남는다. 하지만 배움

이 있다면 실패는 다음 단계의 자산이 된다.

이런 단계를 밟지 않은 의식적 확장은 무모할 뿐이다.

## 지금의 안정은 플랫폼인가, 감옥인가

—

지금의 안정은 나를 살게 하는가, 나를 묶어두는가? 매일 아침 눈을 뜨는 게 두렵지 않고, 내일이 기대되며, 1년 뒤에는 지금보다 성장할 거라는 확신이 든다면, 당신의 안정은 건강하며, 플랫폼이 된다. 하지만 하루하루가 반복처럼 느껴지고, 변화를 상상하면 두려움이 먼저 느껴지며, 5년 뒤에도 바뀌지 않을 것 같다면, 당신의 안정은 감옥이자 족쇄다.

차이는 명확하다. 플랫폼으로서의 안정은 다음 도약을 준비하는 공간이 되지만, 감옥으로서의 안정은 과거의 선택에 갇히게 만든다.

내가 컨설턴트를 그만두고 교육자의 길로 들어섰을 때, 많은 사람이 안정적인 직장을 왜 그만두는지 이해하지 못했다. 마흔이 넘은 나이에 왜 도전하겠답시고 안정된 삶을 버리느냐며 고개를 저었다. 하지만 안정은 나를 살게 하는 게 아니라 묶어두고 있었다. 겉으로는 성공한 것처럼 보였지만, 내면의 나는 죽어가고 있었다. 그래서 안정을 버리는 게 아니라, 새로운 안정을 만들기로 선택했다. 남들이 정한 안정이 아니라, 내가 원하는 안정을 설계하기로 마음먹었다. 그때의 선택을 후회한 적은 없다. 물론 과정은 쉽지 않았다. 수입은 줄었고, 불확실성도 높았으며, 실패도 많았다. 하지만 성장했다. 그리고 의미 있었다.

당신의 안정이 플랫폼이 아닌 감옥이라면, 안정을 부술 것이 아니라 그 안정을 바탕으로 작은 확장을 찾고 시도하는 것이다. 오늘 당장 할 수 있는 가장 작은 실험은 무엇인가? 한 달 안에 시도해볼 수 있는 통제 가능한 도전은 무엇인가? 실패하면 배우는 구조를 어떻게 만들 것인가?

이런 질문에 답하는 순간, 이미 안정의 함정에서 벗어나는 것이다. 솔직하게 답할 수 있다면, 이미 다음 확장을 준비하는 것이다.

## 안정의 감옥에서 벗어나기 위해 던질 질문

★ 지금 내 삶에서 가장 안정적인 영역은 어디인가? 그 안정은 언제 만들어진 것인가? 지금도 여전히 나를 성장시키고 있는가?

★ 그 안정은 과거의 선택이 만든 결과인가, 아니면 현재도 유효한 판단인가? 5년 전의 나와 지금의 나는 같은 기준으로 살고 있는가?

★ 지금의 안정을 해치지 않으면서 시도해볼 수 있는 가장 작은 확장은 무엇인가? 오늘 당장 시작할 수 있는 한 가지 실험은?



주식회사 이주열

# 실행하라, 실행하라, 실행하라

## 전략은 실행을 이길 수 없다

—

사람들은 실행보다 전략이 먼저라고 생각한다. 충분히 고민하고 완벽한 계획을 세운 뒤, 확신이 들 때 움직여야 한다고 말이다. 하지만 대개는 전략이 없어서가 아니라 실행이 늦어서 실패한다. 20년 넘게 경영 자문을 하면서, 전략은 있는데 실행이 늦어 실패한 기업을 많이 봤다.

한 기업이 있었다. 전략은 완벽했다. 시장 분석도 치밀했고, 재무 계획도 탄탄했으며, 리스크 관리도 잘 정비되어 있었다. 전략에 대한 프레젠테이션도 충실했고, 경영진도 숙지하고 있었다. 그런데 6개월이 지나도 아무 일도 일어나지 않았다. 실행하지 않았기 때문이다.

"더 정확한 데이터가 필요합니다."

"시장 상황이 명확해질 때까지 기다립시다."

"조금 더 준비하면 성공 확률이 높아질 겁니다."

그들은 상황이 더 분명해지길, 전략이 더 완벽해지길 기다릴 뿐이었다. 정확히 1년 뒤, 경쟁사가 먼저 움직였다. 경쟁사의 전략은 덜 완벽했지만 그들보다 먼저 실행했다. 시장에 뛰어들었고, 실패했고, 그로부터 배웠고, 수정했다. 3개월이 지나자, 그들이 앞서갔다. 이게 현실이다. 완벽한 전략을 가진 회사라도 불완전하나마 실행한 회사에 지는 것이다.

왜 그럴까? 전략은 가설이고, 실행은 검증이기 때문이다. '이렇게 하면 될 것이다'라는 가설이 맞는지는 실행해봐야만 알 수 있다.

2004년, 쇼피파이(Shopify)의 창업자 토비아스 뤼트케는 스노보드를 온라인으로 팔고 싶었다. 그래서 기존의 전자상거래 플랫폼들을 살펴봤는데, 전부 형편없었다. 그래서 직접 만들기로 했다.

"정말 화가 났어요. '주말 내내 열심히 작업하면 직접 만들 수 있을 것 같은데?'라는 생각이 들었죠."

2개월 만에 사이트를 만들고, 스노보드를 팔기 시작했다. 그런데 신기한 일이 벌어졌다. 스노보드가 팔리기보단, 그가 만든

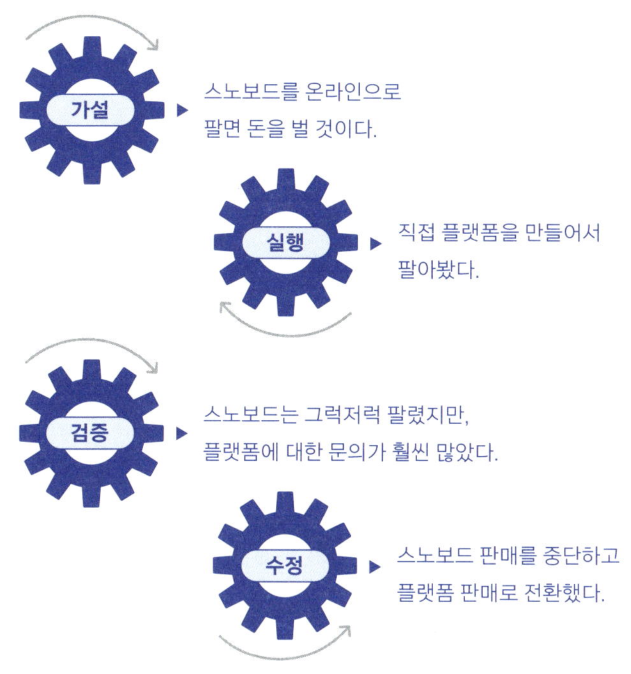


전자상거래 플랫폼을 문의하는 사람이 더 많았던 것이다. 결국 그는 스노보드 대신 플랫폼을 팔기로 했다.

이렇게 시작한 쇼피파이는 현재 전 세계에서 온라인 상점 수백만 개를 운영하는 플랫폼이다. 만약 뤼트케가 완벽한 사업계획서를 쓰느라 직접 실행하지 않았다면, 지금의 쇼피파이는 없었을 것이다. 이렇듯 성공한 기업은 가설-실행-검증-수정의 주기를 빠르게 돌린다.

## 가설-실행-검증-수정의 주기를 빠르게 돌려라

—

슬랙(Slack)의 창업자 스튜어트 버터필드는 원래 타이니스펙 (Tiny Speck)이라는 회사에서 게임을 개발해 2011년에 출시했고 완전히 실패했다. 그런데 게임을 개발하는 과정에서 미국과 캐나다에 흩어져 있던 팀원들이 소통하기 위해 자체적으로 만든 메신저 도구가 정말 잘 작동했던 것이다.

2014년 슬랙을 출시한 그해에 유니콘기업이 됐으며, 2020년에는 세일스포스(Salesforce)에 277억 달러를 받고 인수됐다. 게임의 실패를 몇 개월이고 고민하는 대신, 즉시 다음 가설로 넘어갔기에 성공할 수 있었다.

유튜브(YouTube)도 원래 비디오 데이팅 사이트로 시작했다는 사실을 아는가? 사람들이 자기소개 영상을 올려 데이트 상대를 찾고 싶어 할 것이라는 가설을 바탕으로 만든 사이트였다. 그런데 24시간이 지나도록 아무도 사용하지 않았다. 공동 창업자 스티브 첸과 자웨드 카림은 즉시 가설을 수정했다. 그래서 데이트 상대를 찾는다는 제한을 없애고 모든 종류의 영상을 허용했다.

그 결과, 유튜브는 오늘날 우리가 아는 유튜브로 폭발적으로 성장했다. 그로부터 1년이 지난 2006년, 구글은 16억 5천만 달러에 유튜브를 인수했다. 만약 사람들이 아직 모를 뿐이라며 가

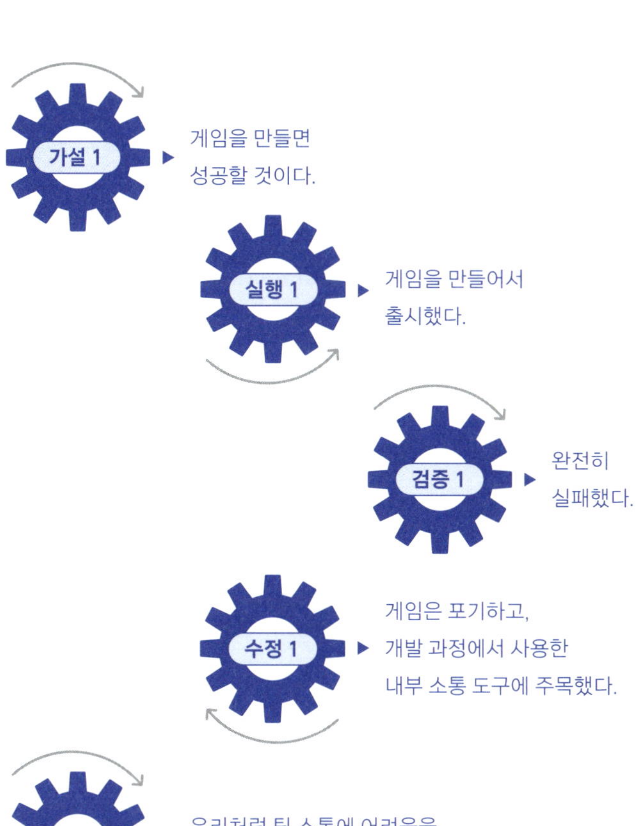

가설 1
게임을 만들면 성공할 것이다.
실행 1
게임을 만들어서 출시했다.
검증 1
완전히 실패했다.
수정 1
게임은 포기하고, 개발 과정에서 사용한 내부 소통 도구에 주목했다.

가설 2
우리처럼 팀 소통에 어려움을 겪는 회사들이 많을 것이다.
실행 2
내부 메신저를 다듬어서 출시했다.
검증 2
폭발적으로 성장했다.

설을 고수했다면, 지금의 유튜브는 없었을 것이다.

그루폰(Groupon)은 원어데이 소셜커머스 쇼핑몰이다. 원래는 더포인트(The Point)라는 플랫폼이었는데, 사람들이 모여서 사회 문제를 해결하는 서비스였다. 생각만큼 잘되지 않자, 창업자 앤드루 메이슨은 새로운 가설을 세웠다. 사람들이 모이되, 단체로 구매해 할인받을 수 있다면 좋아하리라고 생각한 것이다.

메이슨은 제대로 된 플랫폼을 만들어서 가설을 검증하는 대신, 워드프레스 블로그를 만들었다. 그리고 PDF로 쿠폰을 만들어서 이메일로 보냈다. 주문이 들어오면 직접 처리했다. 사람들의 주문이 쏟아지자, 그제야 제대로 된 플랫폼을 만들었다. 2008년 시작한 그루폰은 2011년에 나스닥에 상장했다. 역사상 가장 빠르게 성장한 회사 중 하나가 됐다.

그루폰의 성공은 완벽한 플랫폼을 만들기 위해 몇 달이고 시간을 들이는 대신, 하루 만에 블로그로 가설을 검증한 결과다.

이때 전략과 가설을 혼동하기 쉬운데, 쉽게 말하면 전략은 규모가 커서 검증이 불가능하다. 그러나 가설은 검증할 수 있을 만큼 소규모다. 예를 들어 "전자상거래 플랫폼 시장을 지배하겠다"는 전략이지만, "사람들은 활용하기 쉬운 전자상거래 도구를 원한다"는 가설이다. 그렇다면 가설은 어떻게 검증할 수 있을까? 소상공인 10명에게 물어보면 된다.

실행도 간단하다. 간단한 프로토타입을 만들어서 사람들이 돈을 내고 살 의향이 있는지 확인하는 것뿐이다. 일주일이면 충분하다. 이렇듯 가설은 실행과 검증 결과에 따라 매일 바뀔 수 있어야 한다.

## 실행하지 않으면 아무 일도 일어나지 않는다

—

전략이 아무리 완벽해도, 실행하지 않으면 아무 일도 일어나지 않는다. 회의실에서 100번 시뮬레이션한들, 시장에서 한 번 실행한 것만 못하다. 머릿속에서 1,000번 상상한다고 해도, 손으로 한 번 만든 것만 못하다.

한 예비 창업자가 6개월 동안 사업계획서를 쓰고 있다고 말한 적이 있다. 무엇이 문제인지 묻자, "아직 확신이 서지 않아서요"라고 답했다. 조금만 더 보완하면 될 것 같은 아쉬움 때문에 실행으로 넘어가지 못하고 있었다. 그의 문제는 전략이 부족한 게 아니라 실행하지 않는 것이다.

한편 2주 만에 시작해서 일단 만든 사람도 있었다. 실패하고, 수정하고, 실패하고, 수정해가며 8개월을 보낸 결과 성공을 눈앞에 두었다. 그는 완벽한 전략은 없었지만 실행했다. 그래서

MVP를 출시하고 8개월 만에 제품-시장 적합성(Product-Market Fit)을 찾았다.

전자는 6개월 동안 한발도 내딛지 못했고, 후자는 8개월 동안 7번 가설을 검증하고 수정했다. 누가 성공할지는 분명하지 않은가?

그런데 실행이 어려운 이유는 너무 크게 시작하기 때문이다. 책을 쓰고 싶다고 막연히 생각할 게 아니라, 하루에 500자를 쓰기로 마음먹고 써본다. 막연히 사업을 하고 싶다고 할 게 아니라, 이번 주에 고객을 3명 만나 니즈를 확인하겠다고 마음먹고 실행한다. 이렇게 쪼개서 실행하면 시작하기가 쉽다.

드롭박스(Dropbox)의 창업자 드류 휴스턴은 사람들이 파일 동기화 서비스를 원할 거라는 가설을 세웠다. 그러나 제품을 만드는 대신, 3분짜리 설명 영상을 유튜브에 올렸다. 그랬더니 하루 만에 7만 5천 명이 대기자 명단에 등록했다. 사람들의 니즈를 확인한 후에야 제품을 만들었다.

지금 어떤 가설을 생각하고 있는가? 생각만 하거나 계획만 세우고 있는가? 준비만 하고 있는가? 그렇다면 당장 멈추고 작은 가설을 하나만 세운다. 그리고 오늘 검증하라. 한 학생이 계획과 실행의 차이를 보여줬다.

"3개월 전만 해도 6개월째 창업 계획서만 쓰고 있었거든요.

그런데 '가설을 세우고, 실행하고, 검증하고, 수정하라'고 하셔서, 3개월 동안 15개 가설을 검증했어요. 그중 12개는 틀렸지만 3개는 옳았죠. 그게 지금 제 사업이에요."

"그러면 6개월 동안 쓴 계획서는 어떻게 했지?"

"버렸어요. 실행하면서 세운 계획이 훨씬 정확했거든요."

전략은 가설이고, 가설은 검증되어야 하며, 검증은 실행으로만 가능하다. 전략은 실행을 이길 수 없고, 실행은 오늘부터 해야 한다. 당신의 가설은 무엇이며, 어떻게 검증할 것인가?

**Think about it**

## 가설을 검증하기 위해 던질 질문

★ 6개월 이상 생각만 하고 실행하지 못한 일이 있다면 무엇인가? 그것을 가장 작은 가설로 쪼개고, 한 문장으로 써보라.

★ 가설을 검증하는 가장 빠른 방법은 무엇인가? 바로 제품을 만드는 대신에, 고객에게 물어보거나, 프로토타입을 보여주거나, 랜딩 페이지를 만들어서 반응을 확인하라. 일주일 안에 할 수 있는 방법을 찾아라.

★ 오늘 당장 시작할 수 있는 가장 작은 실행은 무엇인가? 무엇이든 좋다. 단, 오늘 내로 끝낼 수 있어야 한다. 오늘 시작하라.

:

# 무엇을 실행할 것인가

## 바쁘기만 한 것은 의미가 없다

—

앞에서 전략은 실행을 이긴 적이 없다고 말했다. 가설을 세우고, 검증하고, 배우고, 수정하는 사이클을 빠르게 돌려야 한다고 말이다. 그런데 이렇게 설명하면 사람들은 이렇게 말한다.

"실행해야 한다는 건 알겠어요. 그런데 뭘 실행해야 할지 모르겠어요."

"저한테 뭐가 맞는지 모르겠어요."

"제가 잘하는 게 뭔지, 좋아하는 게 뭔지 모르겠어요."

실행이 중요한 건 맞다. 하지만 아무거나 실행하면 안 된다. 방향 없는 실행은 의미 없이 바쁘기만 할 뿐이다. 그러므로 고민해야 한다. 무엇을 실행할 것인가? 그 과정에서 나다움은 어떻게 발견할 것인가?

작년 연말의 한 모임에서 50대 초반의 대기업 임원을 만났다. 연봉 3억 원, 명함에는 '상무이사'라고 적혀 있었다. 그런데 저녁 내내 그는 무겁게 가라앉아 있었다.

"오늘, 아니, 요즘에 제가 한 일 중에 제가 원해서 한 게 정말 하나도 없어요."

그러면서 그날 하루 일과를 풀어놓았다. 아침 7시부터 임원회의가 있었다. 알람부터 짜증났다. 점심때에는 거래처 미팅이 있었다. 웬만하면 관계를 끊고 싶은데, 웃으면서 밥을 먹어야 했다. 오후엔 3시간 동안 보고서를 썼다. 누가 읽기나 할까 싶었다. 저녁엔 팀 회식이 있었다. 회식 자리는 지겹지만, 안 가면 뭐라고 할까 봐 갔다.

"집에 가도 씻고 바로 자야 해요. 내일도 일정을 소화하려면 쉬어야 하니까요. 근데 잠이 안 와요. 왜냐면 내일이 두렵거든요. 또 똑같은 하루를, 의미 없는 하루를 보내는 게 끔찍해요."

"그러면 언제 행복했는지 기억나세요?"

"글쎄요, 언제였더라. 그러고 보니 기억이 안 나네요."

연봉 3억 원. 대기업 임원. 누가 봐도 성공한 인생이다. 그런데 정작 그는 언제 행복했는지 기억조차 나지 않는다고 했다.

머칠 후, 5년 전에 내 강의를 들었던 30대 후반 수강생과 연락할 일이 있었다. 강의를 들을 때 그는 대기업 마케팅팀 14년 차였다.

"저 회사 그만뒀어요. 동네에서 작은 서점 열기로 했어요!"

그는 신이 나서 자랑하듯 이야기했다.

"요즘에는 아침 5시면 눈이 저절로 뜨여요. 알람이 울리기도 전에 벌떡 일어나요. 하고 싶은 게 너무 많거든요!"

대기업 임원과 그는 똑같은 시간을 살아간다. 하루 24시간인데도 두 사람은 전혀 다른 삶을 산다. 한 사람은 해야 할 일을 하고, 가야 할 곳에 가고, 참아야 하니 참는다. 행복했던 적이 언제인지 기억도 나지 않는다. 다른 한 사람은 하고 싶은 일을 하고, 가고 싶은 곳에 간다. 신나게 하루를 채운다.

그 차이는 무엇일까? 바로 자신만의 기준이 있느냐, 없느냐다.

## 나다움 발견 방법, 인생 히스토리 그래프로 패턴을 발견하라

—

청년자기다움학교에서 참가자들에게 가장 먼저 해보게 하는 작업이 인생 히스토리 그래프를 그리는 것이다.



주식회사 이주열

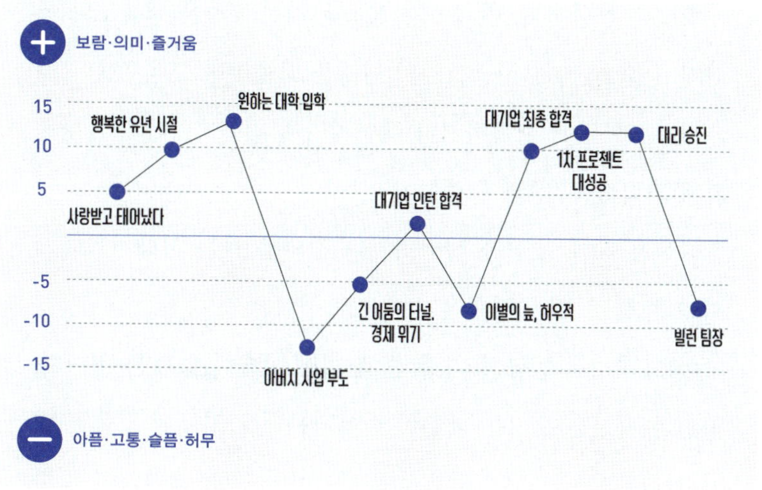


나의 인생 히스토리 그래프 그려보기

방법은 간단하다. 빈 종이에 X축은 시간, Y축은 행복도나 에너지 수준을 쓰고, 지금까지의 인생을 떠올리며 그래프를 그려본다. 나는 언제 행복하거나 에너지가 넘쳤는가? 언제 불행하고 무기력했는가? 왜 그랬는가?

다음은 내게 고민을 상담하거나 강의를 듣는 사례자들에게서 흔히 볼 수 있는 상황을 그래프로 꾸며본 것이다.

이 그래프 주인공의 가장 큰 문제는 학습이 없다는 것이다. 정점과 저점을 오가는 패턴이 반복되는데도 외부의 도움을 받아야 회복할 수 있다. 내부적으로는 어떤 것도 해결하지 못한다. 매번 회사, 프로젝트, 승진이라는 외부의 기준이 구원해줬다. 그래서 내부 기준을 만들 필요를 못 느낀 것으로 보인다.

그런데 마지막 저점은 이전의 저점과는 다르다. 경제위기, 사업 부도, 이별은 주인공이 어쩔 수 없는 외부 환경의 문제라면, 빌런 팀장은 직장 내 인간관계의 문제다. 전자의 문제들은 시간이 지나면 어떻게든 해결되거나 지나가지만, 팀장은 회사에서 매일 마주치는 사람이며 외부 해결책이 바로 구해지지 않는다.

이렇게 그래프를 그려보면, 자신이 항상 외부에 의존했다는 걸 깨닫게 된다. 외부 상황이 좋게 돌아가면 나 또한 행복했고, 외부 상황에 문제가 생기면 나 역시 불행해졌다. 그런데 팀장의 문제는 외부 해결책으로 풀리지 않는다. 승진한다고 팀장이 바뀌지도 않고, 프로젝트에 성공한다고 팀장이 착해지지도 않는다. 물론 팀장이 그만둘 수도 있고, 자신이 이직할 수도 있다. 그런데 다음에 올 팀장은 그러지 말라는 보장이 있을까? 아니면 이직해서 만날 팀장은 괜찮을 거라는 보장이 있을까? 그렇지 않다.

그렇기 때문에 이번 저점은 중요하다. 외부 해결책이 통하지 않는 첫 번째 저점이기 때문이다. 그러면 어떻게 해야 할까? 바로 내부 기준을 만들어야 한다.

빌런 팀장이 나를 불행하게 만드는가, 아니면 팀장에게 나를 맡긴 게 문제인가? 팀장이 바뀌면 행복할까, 아니면 내 행복은 내가 만들어야 하지 않을까?

이 질문이 시작되는 순간, 이 그래프는 바뀔 것이다. 남이 운전하는 롤러코스터에서 내려와 내가 직접 운전하는 차를 타는 셈이다. 외부 해결책에만 매달리면 오르락내리락하는 상황을 전혀 제어하지 못하지만, 내부 기준을 만들면 바닥까지 떨어지지 않을 수 있다. 오히려 떨어지면 올라갈 방법을 직접 찾아낼 수 있다.

또 다른 사례를 살펴보자. 최근《서울 자가에 대기업 다니는 김 부장 이야기》라는 소설이 공감을 얻어 드라마로 만들어지기까지 했는데, 그 주인공인 김 부장의 인생 그래프를 그려보자.

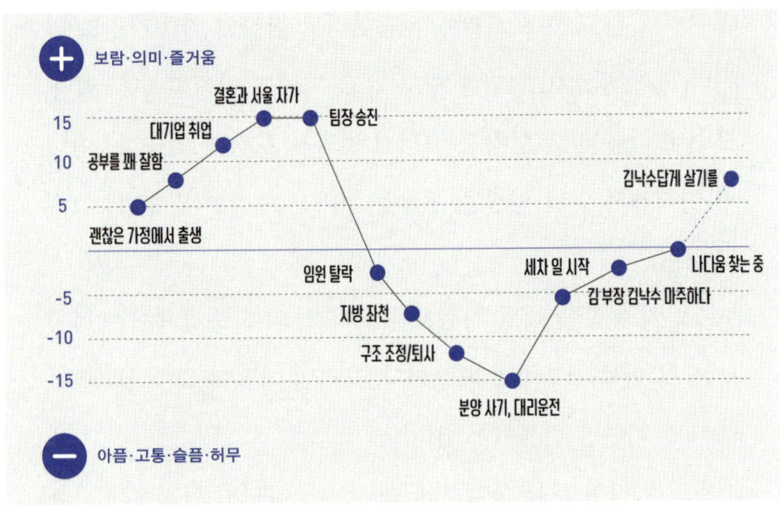


'서울 자가에 대기업 다니는 김 부장'의 인생 그래프

김 부장의 인생은 외부적인 성공 → 완전 붕괴 → 내부 회복형의 패턴을 그리고 있다.

인생의 정점은 외부적인 기준에 부합했을 때, 즉 대기업에 취업하면서 결혼하고 서울에 자기 명의의 집을 사고 팀장으로 승진했던 때였다. 전형적인 성공 스토리다. 공부 잘하고, 대기업 들어가고, 결혼하고, 집 사고, 승진하는 테크트리는 사회가 정한 성공의 공식이다. 김 부장은 이 경로를 완벽히 타고 올랐다.

그런데 테크트리를 잘못 타는 순간 그는 바닥으로 떨어지기 시작했다. 대기업 임원으로 승진할 타이밍에 탈락하면서 지방



주식회사 이주열

으로 좌천됐고, 구조조정으로 퇴사했다. 급한 마음은 더 큰 실수를 불러왔다. 분양 사기를 당하면서 경제적인 여유도 잃고 대리운전까지 뛰어야 하는 지경에 이르렀다. 그저 승진을 못 한 게 아니라 완전히 삶이 무너졌다. 외부 기준으로 쌓아 올린 것은 무너지기 쉽다. 그만큼 기반이 약하다는 뜻이다. 외부가 흔들리면 언제든 무너질 수 있다.

그러나 그는 자기 자신과 대면하기 시작했다. 김 부장으로서의 자신이 아닌 인간 김낙수를 바라보면서 나다움을 찾기 시작했고 자신답게 사는 길을 찾았다. 과거의 정점만큼 점수가 높지는 않지만, 그의 삶과 행복은 질이 달라졌다. 외부 상황이 아무리 불안정해도 내면의 기준에 따라 쌓아 올린 나다움은 흔들리지 않는다. 아무리 밖에서 바람이 불어도 무너지지 않는다.

김 부장은 외부 기준으로 정점에 올랐다가 완전히 붕괴하는 과정에서 외부 기준에 따른 성공은 언제든 무너진다는 사실을 깨달았다. 그래서 내부 기준을 만들어가고 있다. 그것이 바로 '김낙수답게 살기'다. 대리운전이나 세차 일은 과거의 외부 기준에 따르면 완벽한 실패다. 대기업 팀장까지 했던 사람이 바닥을 쳤다고 생각할 것이다. 그러나 지금 김낙수는 재기하는 중이다. 남의 기준이 아닌 내 기준으로 사는 연습을 하고 있다.

그는 이제 과거의 자신이 어떻게 살았는지 분명히 깨달았다.

외부 기준에 매달렸고, 그래서 무너졌다는 것도 분명히 이해한다. 그리고 미래의 자신은 어떻게 살 것인지도 안다. 내가 세운 내부 기준에 따라 '김낙수답게' 살아갈 것이다. 그 기준은 대기업에 재취업하는 것도, 잘나가는 사업을 하는 것도 아니다. 그런 외부 기준은 언제든 취업에 실패하거나 사업이 무너지면 또 흔들리고 무너질 것이기 때문이다.

현재 그의 상태는 과거의 정점보다 낮지만 훨씬 단단하다. 외부가 아니라 내부에서 비롯한 행복이기 때문이다.


## 의미, 재미, 머니의 교차점, 스위트 스폿을 찾아라

—

나다움을 찾을 때 맨 처음 고민할 점은 손해를 보면서도 포기하지 않았던 것이 무엇이었는지 알아보는 일이다.

30대 중반에 대기업 5년차로 승진도 앞두고 있던 한 청년이 갑자기 사표를 내고는 사회적 기업으로 이직했다. 연봉은 무려 40%나 깎였다. 주변에서는 다들 말렸다.

"미쳤어? 지금 다니는 데가 얼마나 좋은데. 나중에 애 키우려면 돈이 필요할 텐데."

그러나 그는 절실했다.

"못 버티겠더라고요. 매일 광고 만들면서 '이게 누구한테 도움이 되나' 싶었어요. 차라리 연봉은 좀 적어도, 누군가한테 진짜 필요한 일을 하고 싶었어요."

그로부터 3년이 지난 지금, 그는 후회하지 않는다고 했다. 돈은 적게 벌어도 월요일 아침에 눈뜨면 설렌다. 이런 것이 의미다. 돈보다, 안정보다, 체면보다 중요하고, 손해를 보면서도 선택한, 내가 가장 가치 있다고 생각한 바로 그것.

지난 5년간 내린 결정 중에서 중요했던 것 3가지를 떠올려보라. 회사를 선택할 때, 무엇을 기준으로 선택했는가? 프로젝트를 고를 때, 무엇 때문에 택했는가? 갈림길에 섰을 때, 무엇을 포기하고 무엇을 택했는가? 돈보다 성장을 택했는가? 직급보다 의미를 택했는가? 안정보다 도전을 택했는가?

이런 질문을 던지고 답을 찾다 보면 패턴이 보인다. 자신이 가장 중요하게 여기는 가치가 보인다. '나'라는 주식회사의 경영 철학인 셈이다.

그렇다고 해서 의미만으로는 부족하다. 의미 있는 일을 해도 즐겁지 않으면 의무가 된다. 나다움은 의미도 있어야 하지만 몰입할 만큼 즐겁고 재밌어야 한다. 시간 가는 줄 모르고 했던 일은 무엇인가? 힘들었지만 다시 하고 싶은 일은 무엇인가?

이때 잘하는 것과 좋아하는 것의 도표를 작성해본다. 탄탄한 기업에 다니고 있는 김 대리가 작성한 내용을 토대로 살펴보자.

이 매트릭스를 작성한 후, 김 대리는 자신이 정말 좋아하고 잘하는 게 회사 일이 아니었다는 사실을 깨달았다. 회사 일 중에서 좋아하면서도 잘하는 건 신제품 콘셉트 회의뿐이었다. 자신이 잘하고 좋아하는 일의 공통점은 새로운 것을 기획하고, 사람들과 대화하며, 그 결과를 글이나 말로 표현하는 것이었다.

좋아하고도 잘하는 일에 쏟는 시간은 한 주에 10시간인데, 잘하긴 해도 좋아하지 않는 일에 3배의 시간을 쏟고 있었다. 잘하긴 해도 좋아하지 않는 일이 가장 위험한 이유는 잘하니까 계속 시킨다는 점이다. 그런데 계속하니까 더 잘하게 된다. 더 잘하니까 칭찬받는다. 칭찬받으니 거절하기도 어렵다. 연봉이 오르니 이 또한 큰 유혹이다. 그렇게 잘하지만 좋아하지는 않는 일에 갇힌다.

김 대리는 보고서를 정말 잘 작성한다. 꼼꼼하고 정확한 성격이라 그런 일에 강점을 보인다. 그런데 하루 종일 보고서를 작성하고 나면 퇴근할 때쯤엔 영혼이 빠져나간다는 기분이 들 만큼 진이 빠진다.

그러므로 스스로에게 질문해야 한다. 이 일을 3년 더 하면, 어떤 기분일까? 여전히 지겨울 것 같다면, 잘하지만 좋아하지 않는 일은 과감히 줄여야 한다.

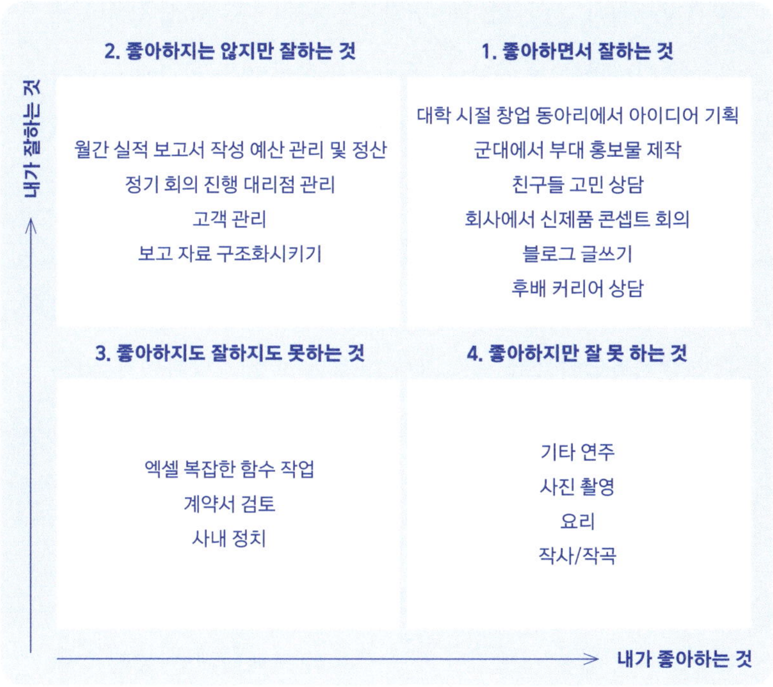

Like & Excellence Matrix

마지막으로 살펴볼 것이 머니다. 의미 있고 몰입할 수 있어도 먹고살 수 없다면 취미일 뿐이다. 나다움이 자산이 되려면 시장이 인정해줘야 한다. 여기서 말하는 돈이란 단순히 월급이나 계약금을 의미하는 게 아니다. 남들이 당신이 지닌 시간과 능력의 가치를 인정했다는 뜻이다. 그러므로 당신에게 대가를 내고 부탁했던 일이 무엇인지 살펴봐야 한다.

김 대리는 지난 5년간 사람들이 그를 찾아서 무엇을 부탁했는지 떠올려봤다. 직장 밖에서 알고 지내는 사람들은 창업 아이템을 살펴봐달라든가, 블로그에 카페 홍보를 부탁하든가, 커리어와 관련해 상담해달라고 했다. 그러면서 비용을 지불하거나 식사를 대접했다.

한편 직장에서는 다른 팀인데도 신제품 콘셉트를 체크해달라든가, 보고서를 써달라든가 했다. 처음엔 공짜로 부탁했지만, 점차 커피나 밥을 사주거나 작은 선물을 보내더니, 나중에는 비용을 주고라도 해주길 바랐다. 이것이 수익 모델의 시작이다.

이제, 앞에서 살펴본 의미, 재미, 머니를 합쳐보자. 손해를 보더라도 가치 있다고 생각해 선택한 일, 시간 가는 줄 모르고 몰입한 일, 사람들이 비용을 들여서라도 부탁하는 일이 겹치는 부분이 바로 스위트 스폿(sweet spot)이다.

앞에서 살펴본 김 대리는 새로운 시도를 의미 있다고 생각했

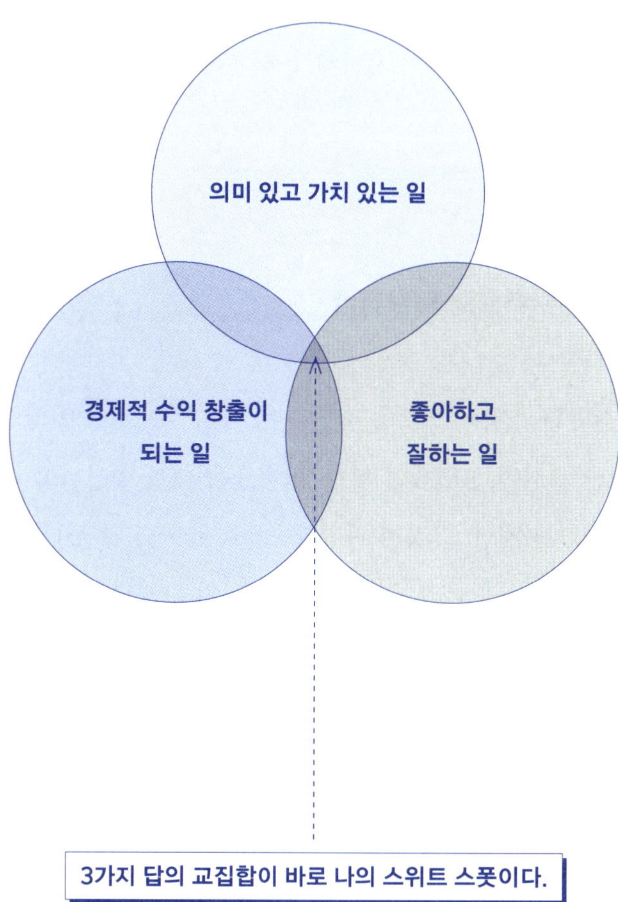



3가지 답의 교집합이 바로 나의 스위트 스폿이다.

다. 사람들과 협업하고 생각을 표현하는 일을 좋아했다. 그러면서 사람들이 콘셉트를 잡고 아이디어를 찾기 위해 그에게 비용을 들여서라도 부탁하기 시작했다. 이것이 주식회사 김 대리의 스위트 스폿이다.

## 선한 영향력으로 확장하기

—

자신만의 스위트 스폿을 찾았다면, 마지막으로 어떤 영향력을 만들 것인지 고민해야 한다. 나다움은 내가 좋아하고 잘하는 일이긴 하지만, 그것이 자기만족으로 끝나면 안 된다. 시장에서 인정받을 만큼의 수준으로 발전시켜 탁월함을 만들어야 하고, 이것이 남들에게 도움이 되도록 선한 영향력을 발휘해야 한다.

김 대리는 기획하고 표현하는 것을 좋아했고, 이를 탁월함으로 발전시키기 위해 매일 블로그를 쓰고 스타트업 브랜딩을 무료로 도와주며 실력을 쌓았다. 그리고 직장인들을 위한 커리어 상담을 시작하고 스타트업들의 브랜딩을 도와주며 그들의 성장을 지원했다. 선한 영향력으로 발전한 것이다. 1년 후에 그는 회사를 그만두었고, 지금은 스타트업 브랜딩 컨설턴트이자 비즈니스 콘텐츠 크리에이터로 일한다.

무엇을 실행할지 알고 싶다면, 인생의 패턴을 발견하고 스위트 스폿을 찾아라. 그리고 탁월해져라. 그 후 선한 영향력을 펼쳐라.



### 스위트 스폿을 찾기 위해 던질 질문

★ 인생에서 에너지가 가장 높았던 3가지 순간은 언제인가? 공통점은 무엇인가?

★ 시간 가는 줄 모르고 했던 일 5가지를 적어보라. 그 공통점은 무엇인가?

★ 사람들이 당신에게 부탁했던 일은 무엇인가? 그때 사람들이 한 말이 당신의 시장 가치다.

# 07

# 작게 시작하고 빠르게 배워라

## 실패를 통해 경영권을 회수한다

앞의 단계를 마치고 나면, "나다움을 찾았구나. 이제 이대로 실행하면 되겠네?"라고 착각하기 쉽다. 그러나 나다움은 한번 찾는다고 끝나는 게 아니다. 나다움은 계속 만들어가는 것이다.

30살의 나다움과 40살의 나다움은 다르다. 직장인일 때의 나다움과 사업가일 때의 나다움은 다르다. 사람은 변한다. 그리고 점점 경험이 쌓인다. 시도하고 실패하고 배우면서 사람은 성장하고, 그만큼 나다움도 진화한다. 그러므로 나다움은 지키는 게 아니라 확장하는 것이다. 실패를 통해 배우고, 배움을 통해 성장해야 한다.

실패하는 과정이 중요한 것은 실패를 인정하고 그 결과에 대해 책임지기 때문이다. 무엇을 실패라고 정의할 것인지도 남이 정한 게 아닌 내가 정한 기준에 따른다. 그 실패에 대한 책임도 남이 시키는 게 아니라 내가 선택해서 진다. 어떤 결과가 나오든 모든 일은 자신의 책임이다.

이렇게 책임을 지면서 내 삶의 경영권을 회수한다. 부모에게 위탁 경영하던 주식회사 '나'의 CEO 자리를 되찾는 것이다. 경영권은 단번에 되찾을 수 없다. 점진적으로, 도전을 통해, 실패를 겪으며 조금씩 회수된다. 그렇기에 동아리를 선택할 때, 진로를 고민할 때, 대학을 정할 때, 첫 직장을 고를 때. 매 순간이 경영권 회수의 기회다.

매 순간, 스스로 선택하고 그 결과에 책임지기로 마음먹어야 한다. 그럴 때도 부모가 정해주는 대로 따른다면 위탁 경영 체제는 계속 유지된다. 이럴 때 자녀가 스스로 선택하고 책임지기로 하고 부모가 그 선택을 존중한다면 경영권은 본인에게 넘어간다. 그때는 자신이 경영하는 체제로 전환된다.

한 부모가 이렇게 말했다.

"우리 애가 대학교 2학년 때 갑자기 창업을 한다잖아요. 처음엔 말렸죠. 공부나 하라고 했어요. 그런데 애가 그러더라고요. '엄마, 실패해도 제가 책임질게요. 학점도 잘 받고 적어도 떨어지지 않게 유지할게요. 그러니 창업하게 해주세요.' 그래서 조건을 걸었어요. 학점 3.0 이상을 유지하면 창업해도 좋다고요. 그랬더니 애가 지키더라고요. 물론 창업은 망했죠. 그 후로 애가 달라졌어요. 처음 실패한 후에 스스로 분석하고, 다음엔 어떻게 할지 계획하고, 그러더니 또다시 시도하더라고요. 제가 시키지도 않았는데요."

그 아이는 자기 인생의 경영권을 부모에게서 가져간 것이다.

사실 경영권 회수에서 가장 중요한 순간은 바로 실패했을 때다. 실패했을 때 누구 탓을 하는지를 보면 경영권을 돌려받을 때가 됐는지 알 수 있다. 실패한 후에 자신의 잘못을 분석하고 다음에 어떻게 할지 계획을 세운다면 자가 경영 체제가 완벽히 성립된 것이다. 그런데 "왜 안 말렸어요?"라며 부모를 탓한다면 아직 자신의 경영권을 회수할 준비가 되었다고 볼 수 없다. 부모로서도 책임을 지지 못하는 자녀에게 무작정 삶의 결정권을 넘길 수는 없을 것이다. 실패를 남 탓으로 돌리면 경영권은 다시 빼앗긴다. 하지만 실패를 내 책임으로 받아들이면 경영권은 온전히 내 것이 된다.

한 학생이 공모전에 3번이나 도전했는데 모조리 떨어졌다. 처음엔 심사위원 탓을 했다. 심사가 이상했다고, 자신의 아이디어는 좋았는데 보는 눈이 없었다고 했다. 다음에는 공모전의 수준을 탓했고, 같이 공모전에 나간 팀원을 탓했다. 그런데 세 번째 떨어지고 나서 생각이 바뀌었다.

"남 탓을 해봤자 바뀌는 게 없더라고요. 남 탓이 아니라면 떨어진 이유가 따로 있겠죠. 그래서 그 이유를 분석했더니 발표가 산만했어요. 핵심이 명확하지 않았던 거예요. 다음번엔 발표 구조를 완전히 바꿨어요. 핵심 하나만 강조하고, 나머지는 다 뺐죠. 그랬더니 됐어요."

이 학생 역시 경영권을 회수한 것이다. 결과를 남 탓으로 돌리지 않고, 시스템에 문제가 있는 건 아닌가 의심했다. 그리고 즉시 자신의 시스템을 분석하고 개선했다.

이게 CEO의 태도다.

## 경영권을 넘겨줄 줄 아는 부모

—

요즘은 부모들이 내 자식은 내가 잘 경영해야 한다고 생각한다. 그러나 부모는 경영자가 아니다. 경영권을 잠시 맡아 위탁 경영하다가 넘겨줘야 하는 후원자다. 아이가 스스로 경영할 수 있도록 돕고, 실패해도 다시 일어설 수 있는 안전망을 만들어줘야 한다.

위탁 경영하는 부모는 자녀에게 선택권을 주지 않는다. 자녀의 모든 일을 정해주고 부모의 의견을 따르게 한다. 게다가 도전할 기회도 주지 않는다. 앞에서 살펴봤듯 실패는 정말 중요한 과정인데, 도전할 기회를 주지 않기 때문에 실패조차 할 수 없다. 이렇게 부모가 모두 정해주고 시키는 대로 하게 하면, 자녀는 책임을 회피할 수 있다. 무슨 일이든 잘못되면 외부에서 원인을 찾고 남 탓으로 돌린다.

그러나 자녀가 스스로 경영권을 가지도록 돕는 부모는 선택권을 부여한다. 대신 실패해도 괜찮다며 지켜봐준다. 도전을 격려하고, 결과에 대한 책임을 어떻게 져야 하는지 알려준다.

한 부모가 이렇게 말했다.

"예전엔 제가 다 정해줬어요. 이 학원에 가고, 저 과목을 공부하고, 그 대학에 가라는 식으로요. 그런데 애가 스물이 넘었는데도 자기가 뭘 좋아하는지 모르더라고요. 도무지 무엇이든 결정을 못 내리더군요. 그때 깨달았어요. 제가 경영권을 아이에게 넘겨주지 않았다는 걸요. 그래서 제 태도를 바꿨어요. 아이에게 정하게 했죠. 아이의 선택을 존중하기로 한 거죠. 대신, 그 결과도 스스로 책임지게 했어요.

처음엔 애가 너무 힘들어했어요. 결정하는 데 익숙하지 않았으니까요. 뭘 좋아하는지도 모르고, 책임져본 적이 없으니 부담

    주식회사 이주열

스럽기도 했겠죠. 그러고 1년이 지났더니 점점 달라지더라고요. 스스로 찾아보고, 고민하고, 결정하고, 책임지더라고요. 그렇게 아이는 자기 삶의 경영권을 가져갔어요. 이제 저는 조언만 해요. 애가 물어보면 의견은 줄 수 있지만, 결정은 본인이 직접 해요. 그게 맞는 것 같아요."

이것이 부모가 CEO 자리를 아이에게 넘겨주는 과정이다. 이렇게 부모는 경영권을 넘겨주고 아이는 회수한다.


## 실패는 과정이다

—

완벽하게 준비하면 실패하지 않을 거라고 오해하는 사람들이 많다. 위험은 완벽한 계획과 준비가 있다면 피할 수 있다고 착각한다. 그러나 실패는 피할 수 있는 게 아니다. 실패는 결과가 아닌 과정이기 때문이다.

쇼피파이의 토비아스 뤼트케는 스노보드를 팔려다 실패한 과정에서 전자상거래 플랫폼의 필요성을 발견했다. 슬랙의 스튜어트 버터필드는 게임을 만들려다 실패한 과정에서 팀 커뮤니케이션 도구를 만들었다. 유튜브는 비디오 데이팅 사이트로 시작했다가 하루 만에 실패를 인정하고 영상을 올리는 플랫폼으로 바꿨다. 이들의 공통점은 실패를 빨리 인정하고, 빨리 배우고, 바로 다른 것을 시도했다는 것이다. 만약 이들이 처음의 실패를 하지 않았다면 성공도 없었을 것이다.

그러나 실패가 반드시 거쳐야 하는 과정이라는 말은 무모하게 덤비라는 뜻은 아니다. 무모함과 용기는 다르기 때문이다. 무모함은 준비도 하지 않고 무작정 모든 걸 걸고 덤비는 것이다. 그렇기에 실패하면 모든 걸 잃는다. 그다음에 대한 대비도 없다. 도박과 다를 바가 없다.

용기는 다르다. 통제할 수 있는 범위를 인식하고, 그 안에서 시도한다. 그렇기에 실패해도 다시 시작할 수 있다. 그리고 실패를 분석해서 배울 점을 찾는다. 그렇게 새로운 것을 준비하고 또다시 시도한다.

대기업 마케팅팀 송 과장은 몇 년 동안이나 내 강의를 들었다. 그는 중소기업 브랜딩에 관심이 있었다. 강의가 끝나면 항상 찾아와서 질문했다. 꽤 진지한 태도였기에, 나도 진심을 다해 자문해주었다.

어느 날, 송 과장이 연락이 해 왔다.

"드디어 제 스위트 스폿을 찾은 것 같아요."

그리고 계획을 꼼꼼하게 적어 와서 내 앞에서 브리핑했다. 꽤 괜찮은 계획이었다. 송 과장은 우선 퇴사하지 않고 회사를 다니면서 주말마다 작은 프로젝트를 시작했다. 당장은 자신의 명의로 할 수 없어서 아내 이름으로 개인사업자를 낸 후 지인의 작은 사업을 도와줬다. 처음엔 무료였지만, 점차 비용을 받을 정도가 되었다.

3년 동안 50개 프로젝트를 했고, 그중 15개는 실패했다. 하지만 회사 월급이 있어서 실패를 견딜 수 있었다. 3년 후 매출이 연 4억 원이 넘자 퇴사했다. 이것이 바로 계산된 모험이다. 도박처럼 무모하게 시도하는 게 아니라, 안전한 울타리 안에서 나를 만들어가고 경영권을 완전히 회수하는 것이다.

여기서 중요한 건 '퇴사'가 아니라 '경영권 회수'다. 지금 직장인이든, 사업가든, 프리랜서든, 학생이든 상관없다. 중요한 건 안전한 울타리를 확보하고 그 안에서 경영권을 조금씩 찾아오는 것이다.

직장인이라면 회사를 다니면서 사이드 프로젝트를 시작하면 된다. 월급이라는 안전망이 있으니 실패를 두려워하지 말고 시도해보면 된다. 작은 프로젝트부터 큰 프로젝트로 확장해간다. 작은 선택에서 큰 선택으로 나아간다.

사업가라면 본업을 유지하면서 새로운 사업을 시도하면 된다. 기존의 수익이 있을 때 새로운 시도를 해보고, 환경이 아니라 시스템에서 결과의 이유를 찾는다.

프리랜서라면 안정적인 클라이언트를 확보하고 새로운 영역을 시도해보면 된다. 기존에 하던 일을 계속하며 생활비를 벌고, 새로운 일로는 미래를 준비하는 것이다.

학생이라면 지금 가장 안전한 울타리에 속해 있다. 그런 만큼 경영권을 회수하기에는 최적기다. 학생 신분으로 더 많이 도전하고 경험을 쌓을 수 있다. 배우는 시기인 만큼 실패해도 괜찮다. 실패해도 먹고사는 데 지장이 없고, 사회적 책임도 적다.

## 경영권 회수는 학생 때 하라

—

역설적이게도, 가장 안전한 학생 시기에 경영권 회수를 시도하지 않는다. 부모가 경영권을 넘겨주지 않고, 학교가 위탁 경영 시스템을 강화한다. "실패하면 안 된다, 안전한 길로 가라"라고 가르치기 때문이다.

학생 시절을 위탁 경영으로 보내고 사회에 나와서야 경영권을 회수하려 한다. 하지만 이미 때는 늦었다. 집세를 내야 하고 결혼을 해야 하고 아이를 키워야 하니, 실패할 여유가 없다. 그렇게 되면 경영권을 회수하려 시도하고 실패하는 과정을 겪기가 어렵다. 그런데 경영권을 회수하기 어려운 시기가 되어서야 시도한다. 그러니 쉽지 않다.

대학교를 다니는 4년 동안 다양한 동아리 활동을 한 학생이 있었다. 창업, 봉사, 스터디, 공모전, 인턴십까지 두루 경험했다. 그 부모님도 처음엔 쓸데없이 이것저것 하지 말고 공부나 하라며 말렸다. 그러나 자신이 한 일은 책임질 테고, 학점도 유지하겠다고 주장했고, 부모님도 허락했다.

창업 동아리 활동을 하며 3번이나 창업을 시도했지만 모두 실패했다. 그 과정에서 자신이 무엇을 좋아하고, 무엇을 못하는지를 깨달았다. 봉사 동아리 활동을 하며 사람들을 돕는 게 의미 있고 재미있으며, 자신의 적성에 맞는다는 걸 알았다. 결국 지금은 사회적 기업에 취업해 다니고 있다. 이렇듯 다양한 시도와 실패의 과정을 겪으며 인생의 CEO가 되었다. 효과적이고도 완벽하게 경영권을 회수한 것이다.

실패의 비용이 가장 낮은 시기가 학생 시절인 만큼, 학생이라면 더 많이 도전하라. 그리고 더 많이 실패하라. 그래야 경영권을 완전히 회수할 수 있다.

자녀가 학생일 때, 부모의 역할은 실패하지 않도록 보호하고 안전한 길로 가도록 안내하는 것이라고 생각하는 사람이 많다. 그러나 보호가 아니다. 위탁 경영의 연장이다. 부모의 진짜 역할은 경영권을 넘겨주고 안전한 울타리를 만들어주는 것이다.

아이가 창업을 한다면 무작정 말리기보다는 조건을 걸고 지키게 하는 편이 낫다. 학점을 얼마 이상 유지하라든가, 어떤 결과든 스스로 책임질 수 있는 범위에서 시도하라는 식이다. 그리고 실패하는 과정에서 화를 내거나 그럴 줄 알았다며 주저앉히기보다는 마음을 다독이고 실패에서 무엇을 배울지 이야기를 들어주고 이끌어주어야 한다. 그러면 아이는 점차 실패로 무너지지 않고, 무엇을 배워야 하는지 분석하며, 책임질 줄 알게 된다.

그것이 경영권을 이양하는 것이다. 그리고 부모가 해줄 수 있는 최고의 선물이자 지원이다. 아이가 실패하고 상처받을까 봐 보호하기보다는, 학생 때 여러 번 실패하고 경영권을 회수하는 것이 낫다. 사회에 나가면 늦다. 그때는 리스크가 너무 커서 한 번만 실패해도 스스로 경영권을 포기하고 위탁 경영으로 돌아가기 쉽다. 그러면 아무리 나이가 들어도 스스로 선택할 줄 모르고, 자신이 뭘 원하는지도 모른 체 외부의 기준에 맞춰 살아가게 된다.

그러므로 부모는 무조건 실패를 피할 게 아니라 실패해도 괜찮다고, 실패에서 배우면 된다고 가르쳐야 한다. 안전한 길로만 가라고 몰아갈 게 아니라 하고 싶은 일을 해보게끔 뒤에서 든든히 지켜봐주면 된다. 학생 때는 실패해도 된다고, 가장 적은

    **주식회사 이주열**

비용과 리스크가 따르는 시기라고 등을 밀어줘야 한다. 그래야 자녀가 독립해서 자기 삶의 CEO가 된다.

## 실패를 견디는 시스템

—

그런데 경영권을 회수한다고 끝이 아니다. 경영권을 유지하려면 실패를 견디는 시스템이 필요하다.

구글에는 '20% 시간'이라는 게 있다. 업무 시간의 20%는 자유롭게 실험하도록 하는 제도다. 그 시간에 한 실험은 80%는 실패한다. 하지만 20%는 성공한다. 지메일과 구글뉴스는이 시간에 한 실험이었다. 한편 3M에도 '15% 룰'이 있다. 업무 시간의 15%는 새로운 아이디어를 실험하는 데 쓸 수 있다. 포스트잇은 이 시간에서 탄생했다.

왜 이런 제도를 만드는 것일까? 실패가 있어야 혁신도 있다. 그 혁신이 큰 성공으로 이어진다. 그렇기에 실패를 견디는 시간이 필요하다. 그래야 혁신도 가능하다. 개인도 마찬가지다. 실패를 해야 혁신이 가능하고, 그러려면 실패를 견디는 시스템이 필요하다.

## • 시스템 1: 실패해도 괜찮은 영역 확보

시간과 에너지의 80%는 안정적인 영역에 투자한다. 월급을 받거나, 수익을 내거나, 생활비를 버는 일이다. 대신 나머지 20%는 실험 영역에 투자하라. 새로운 시도를 해보거나, 도전하거나, 배워도 좋다.

나머지 20% 영역에서는 실패해도 괜찮다. 80%가 안정적이니 완전히 망가지지는 않는다. 하지만 20%에서 배운 것이 쌓이면, 언젠가 그것을 80%로 만든다.

학생이라면 지금 100%가 모두 실험 영역이다. 학업 50%, 실험 50%로 나눠도 괜찮다. 실패의 비용이 가장 낮은 시기이자, 경영권 회수의 골든 타임이다.


## • 시스템 2: 실패를 기록하고 분석하라

실패는 그냥 넘어가면 상처가 되지만, 기록하고 분석하면 학습이 된다. 무엇을 시도했는지, 그 결과는 어떠했는지, 왜 실패했는지, 다음번엔 어떻게 할 것인지 적는 경영 일지를 쓴다.

그리고 한 달에 한 번 되짚어 읽어보면 패턴이 보인다. 똑같은 실수를 반복한다면 그것을 고치면 성공 확률이 올라갈 것이다.



주식회사 이주열

## • 시스템 3: 작은 성공을 축적하라

실패에서 배우는 것은 중요하지만, 실패만 쌓이면 지친다. 그러니 작은 성공도 함께 기록한다. 작은 성공이 쌓이면 실패를 견딜 힘이 생긴다.


경영학에는 "빠르게 실패하라"라는 말이 있다. 실패가 없다는 건 도전이 없다는 뜻이기 때문이다. 작은 실패를 거듭하다 보면 작은 성공도 쌓인다. 그리고 실패에서 배운 것이 다음 성공의 자산이 된다.

개인도 마찬가지다. 경영권은 생각만 한다고 회수할 수 있는 게 아니다. 실행을 통해 회수하는 것이다. 그리고 실행에는 실패가 전제된다. 처음부터 잘하는 사람은 없으니까.

주식회사 '나'를 건강하게 경영하려면 어떻게 해야 할까? 회사와 마찬가지로 끊임없이 성장해야 한다. 정체하면 도태된다. 성장하려면 새로운 것을 시도해야 한다. 새로운 것을 시도하는 과정에서는 실패할 수밖에 없다. 실패로부터 무엇이 작동하고 작동하지 않는지 배운다. 그리고 다시 시도한다. 다만 이번엔 조금 더 똑똑하고 현명하게 시도할 수 있다. 이런 사이클을 빠르게 돌리는 회사가 건강하다. 주식회사 나도 마찬가지다.

지난 1년간 시도했던 새로운 일 5개를 적어보라. 그중 실패한 것은 무엇이고, 그 실패에서 배운 점은 무엇인가? 그중 성공한 것이 있다면, 그 성공을 어떻게 확장할 것인가?

이 질문에 답할 수 있다면, 주식회사 '나'를 건강하게 경영하고 있는 것이다. 경영권을 완전히 회수해서 제대로 사용하고 있는 셈이다. 실패를 전제로, 경영권을 완전히 회수하라.



### 실패를 바탕으로 경영권을 회수하기 위한 질문

★ 지난 1년간 스스로 결정한 것은 몇 개인가? 그중 결과를 온전히 책임진 것은 몇 개인가? 대부분을 남 탓으로 돌렸다면, 경영권을 아직 회수하지 못한 것이다.

★ 안전한 울타리는 무엇인가? 그 안에서 시도할 수 있는 가장 작은 실험은 무엇인가? 이번 주말부터 시간을 투자하라. 그게 경영권 회수의 시작이다.

★ 부모라면 자녀에게 경영권을 넘겨주고 있는가, 아니면 여전히 위탁 경영하고 있는가? 자녀에게 스스로 결정하게 하고 그 선택을 지지할게 수 있는가?



주식회사 이주열

**08**

# 주식회사 '나'의 재무제표를 확인하라

## 인생의 대차대조표 작성하기

—

기업을 진단할 때 가장 먼저 재무제표를 살펴본다. 재무제표는 거짓말을 하지 않기 때문이다. 아무리 그럴듯한 말로 포장해도 숫자는 진실을 드러낸다. 매출이 늘었는지, 이익은 나는지, 빚은 얼마나 되는지, 그래서 이 기업이 과연 건전하게 운영되고 있는지, 모든 것이 재무제표에 들어 있다.

주식회사 '나'에도 재무제표가 있다. 단지 눈에 보이지 않을 뿐이다. 그러나 매일의 일상, 인간관계, 수없이 하는 선택 속에 모든 숫자가 기록되고 있다. 이제 그 재무제표를 펼쳐볼 시간이다.

기업의 대차대조표에는 왼쪽에 자산을, 오른쪽에는 부채를 적는다. 인생의 대차대조표도 마찬가지로, 자신이 가진 것과 짊어지고 있는 것을 적는다.

자산으로는 나만의 고유한 관점과 방식으로 드러나는 나다움과 그동안 쌓은 역량과 경험을 바탕으로 한 전문성, 시장에서의 평판, 건강, 인간관계 등이 있다. 한편 짊어지고 있는 것은 의미 없이 반복하는 일, 끊지 못한 채 상처만 남는 관계, 남의 기준에 맞춰 살아오느라 잃어버린 세월이 포함된다.

자산보다 부채가 많으면 부실 기업이듯이, 개인도 가지고 있는 것보다 짊어진 것이 많다면 내실이 없다. 그렇다면 지금 자산을 쌓고 있는가, 부채를 늘리고 있는가?

함께 일했던 후배가 있는데, 그는 15년간 제조업 컨설팅만 했다. 매년 비슷한 프로젝트를 맡았다. 그러다 보니 비슷한 문제를 다루고, 솔루션도 비슷했다. 겉으로 보기엔 안정적이었다.

어느 날 그가 내게 하소연했다. 자신의 경력이 적지 않고 꾸준히 일하고 있는데, 수치상으로는 안정적인데 왜 불안한지 모르겠다고 했다. 그래서 대차대조표를 확인해보았다.

자산으로는 제조업 컨설팅에 특화된 전문성을 지니고 있었다. 그것도 15년간 일하며 경력과 경험이 충분히 쌓였고, 연봉도 1억 5천만 원으로 적지 않았다. 그러나 제조업을 제외한 다른 산업에 대해서는 몰랐고, 경험도 없었다. 늘 비슷한 문제만

 **주식회사 이주열**

다루다 보니 새로운 방법론을 배울 필요가 없었다. 업계에서 인맥도 없었다. 무엇보다도 일에서 재미도, 보람도 느끼지 못하고, 늘 다람쥐 쳇바퀴 돌듯 지루한 일상에 지쳐 있었다. 15년 동안 경력이라는 자산을 쌓았지만, 동시에 그보다 더 많은 부채를 쌓은 셈이다. 한 종목에만 투자한 포트폴리오처럼 자산이 다양하지 않았다.

그는 자신의 대차대조표를 들여다보더니 탄식했다.

"15년을 헛살았네요."

물론 그렇지 않다. 단지 자산만 보고 부채를 외면했을 뿐이었다. 그 부채는 지금부터 청산하면 될 것이었다. 부채를 청산하면 당연히 자산도 늘어날 것이었다.

앞에서 살펴본 김 대리의 대차대조표는 달랐다. 그의 본업은 디지털 마케팅으로 5년 넘게 경력이 쌓여 있었다. 그는 퇴근 후에는 1인 미디어 채널을 운영하며 새로운 실험과 시도를 했고, 실패 경험을 바탕으로 배웠다. 한편 업계 스터디 모임을 꾸준히 하며 인간관계를 쌓았고, 일과 관련 없이 흥미를 느끼는 여러 분야의 책을 탐독하며 지식을 다양하게 넓혔다. 앞의 후배보다는 경력이 짧아 5년밖에 되지 않았지만, 자산이 다양했고 부채는 쌓이지 않았다.

김 대리는 회사가 어려워졌을 때 프리랜서로 전환했고, 6개월 만에 안정적인 수입을 확보했다.

차이는 명확했다. 후배 컨설턴트는 15년 동안 같은 자산만 쌓았고, 김 대리는 5년 동안 다양하게 시도하며 자산을 축적했다.

## 상처와 부채는 복리로 불어난다

—

기업의 빚은 이자가 붙는다. 그것도 시간이 지날수록 복리로 불어난다. 개인의 부채도 마찬가지다. 특히 다음의 3가지 부채는 위험하다.

첫째, 소모적인 역할이다. 의미도 없고, 재미도 없고, 돈도 안 되는데 계속하는 일은 소모적일 뿐, 아무 도움도 되지 않는다. 하던 일이니까 그냥 한다거나, 하다가 안 하면 주변에서 이상하게 볼까 봐, 아니면 거절하면 미안해서 하는 역할이 쌓이면 시간만 낭비한다. 이것을 시간 부채라 한다.

둘째, 상처만 남기는 관계다. 만날 때마다 진이 빠질 만큼 에너지가 소진되는 사람이 있다. 만날 때마다 후회하면서 끊어야 하는데 끊지 못하는 관계가 쌓이면 감정 부채가 된다.

셋째, 남의 기준으로 살아온 시간이다. 부모님과 회사에서 원하니까, 사회의 기대에 맞춰 살아온 시간은 아무 의미가 없다.

나는 없고 남의 기준만 있는 시간이 쌓이면 의미 부채가 된다.

35세 직장인인 여성은 대기업에서 10년간 일했다. 겉으로는 성공한 것처럼 보였다. 과장으로 승진했고, 직급에 맞게 연봉도 괜찮았다. 그러다가 어느 순간 번아웃으로 쓰러졌다. 나는 그녀의 부채비율을 계산해봤다.

그녀의 자산은 대기업에서 10년간 근무한 경력과 안정적인 수입, 일하면서 쌓은 전문성이었다. 그런데도 번아웃으로 쓰러질 만큼 부채가 많았다. 만성적으로 스트레스에 시달리며 건강에 문제가 생겼다. 성과를 내라며 압박하고 여자라고 무시하는 상사와의 갈등도 감정적으로 해결되지 못한 채 쌓이기만 했다. 피곤하고 바쁘다 보니 자신을 챙기는 일을 늘 미루기만 했고, 가족을 챙기지도 못했다. 매일 일만 하고 바쁘게만 쫓기다 보니 과연 자신이 원한 삶인지 회의가 들었다. 결국 자산보다 부채가 훨씬 많았다.

그녀가 그렇게나 힘들었던 이유는, 경력이라는 자산을 쌓는 동안 엄청난 부채도 쌓았기 때문이다. 그리고 부채에는 이자가 붙는다. 그것도 복리로 눈덩이 불듯 붙어 매일같이 그녀를 갉아 먹고 있었기 때문이다.

한편, 감정 부채를 청산한 사례도 있다. 똑똑하고 성실한 36세 청년이 있었는데, 중요한 순간마다 주저했다. 왜 시작하지

못하는지 물었더니 그는 "실패할까 봐 두렵습니다"라고 답했
다. 좀 더 깊숙이 대화하며 원인을 찾았다.

그는 8년 전 창업 동아리에서 실패한 경험이 있었다. 그런데
동료들이 모두 싸잡아 "네가 잘못해서 망했어"라고 몰아붙였
다. 그 일은 그에게 큰 상처로 남았다. 그때의 기억을 돌아보기
조차 힘들어서 그 상처를 오랫동안 외면했다. 그러나 상처는 사
라지지 않았다. 오히려 복리로 불어났다.

그래서 무언가 시작하려 할 때면 '실패하면 또 비난받을 거
야. 나는 뭘 해도 안 돼. 차라리 시도하지 않는 게 나아'라는 생
각이 들어 두려워졌다. 감정 부채가 5년간 이자를 낳아 그의 행
동을 마비시킨 것이다.

이 사실을 깨달은 후, 부채를 청산하기로 했다. 우선 그때의
실패를 다시 분석했다. 그랬더니 동료들의 비난은 사실이 아니
었다. 그때의 실패는 그가 혼자 잘못해서 일어난 상황이 아니었
다. 동료들은 그저 책임질 대상을 찾아 남 탓을 했을 뿐이었다.
그는 그 실패로부터 배울 점을 정리했고, 실패가 실패로만 남지
않았다. 부채를 청산하자 그는 달라졌다. 1년 뒤 다시 창업에
도전했다. 이번에는 두렵지 않았다.

## 인생의 손익계산서는 의미×재미×머니

—

기업의 손익계산서는 간단하다. 매출에서 비용을 빼면 순이익이 나온다. 그러나 주식회사 '나'의 손익계산서는 기업과는 다르다. 앞에서 스위트 스폿을 찾을 때 살펴본 의미, 재미, 머니를 곱한 것이 인생의 순이익이다. 셋의 균형이 무너지면 인생의 손익계산서는 곧 적자로 기운다.

### • 의미: 내가 하는 일이 세상과 연결되는가?

기업에 미션이 있듯이, 주식회사 나에게도 존재 이유가 있다. 그것이 삶의 의미다. 그러므로 다음의 질문을 던져 의미를 찾아야 한다.

내가 가치 있다고 생각하는 것은 무엇인가? 보람을 느끼는 순간은 언제인가? 이 일은 누구를 위한 것인가?

만약 의미가 없다면, 일을 해도 공허하고, 성과를 거두어도 보람이 없으며, 월급은 받아도 허무하다.

### • 재미: 몰입과 성장의 감각이 있는가?

기업에 핵심 역량이 있듯이, 주식회사 나도 잘하고 즐기는 것이 있다. 재미를 찾으려면 다음의 질문에 답해야 한다.

시간 가는 줄 모르고 하는 일은 무엇인가? 몰입의 순간을 경험하는가? 어제보다 나아진다는 감각이 있는가?

만약 재미가 없으면, 하루하루를 억지로 버텨야 하고, 일만 하면서 소진된다. 무엇을 하든 오래가지 않는다.

**• 머니: 지속 가능한 보상이 만들어지는가?**

기업에 수익 모델이 있듯이, 주식회사 '나'에도 지속 가능한 보상 구조가 있다. 다음의 질문으로 보상 구조를 찾아보자.

의미와 재미가 수익으로 연결되는가? 이 구조가 장기적으로 유지될 수 있는가? 수익원이 다양한가?

만약 머니가 없으면, 아무리 의미 있는 일이라도 지속 불가능하고, 아무리 재미있어도 먹고살 수 없으니 결국 포기하게 된다.

의미와 재미, 머니 중 어느 하나라도 0이면 결과는 0이다. 따라서 3가지는 균형을 이뤄야 한다.

어느 31세 직장인이 자신의 하루를 분석했다.

의미 면의 수익은 보람을 느낀 순간으로 2시간, 비용은 의미 없다고 느낀 순간으로 5시간이었다. 따라서 순이익은 -3시간이었다. 재미 면에서 수익은 몰입한 순간으로 3시간, 비용은 억지로 버틴 시간으로 6시간이었고, 순이익은 -3시간이었다. 머니 면의 수익은 월급 300만 원, 비용은 의미 없는 소비 100만 원으로 순이익은 200만 원이었다.

돈은 벌어도 의미와 재미가 없으니 결과적으로는 적자였다. 그는 돈은 벌어도 의미와 재미가 적자였으니, 결과적으로는 적자였다.

그래서 그는 구조조정을 했다. 의미 없는 일을 줄이고, 재미 없는 시간을 최소화하며, 의미와 재미가 있는 일의 비중을 늘렸다. 그로부터 6개월 뒤 의미와 재미가 흑자로 바뀌면서, 그의 삶은 완전히 달라졌다.

## 현금흐름표: 시간, 관계, 돈

—

기업 재무제표에서 가장 중요한 것은 사실 손익계산서(이익)가 아니라 현금흐름표다. 흑자인데도 망하는 기업이 있다. 이를 흑자 도산이라고 하는데, 이익은 나지만 현금이 없어서 망하는 경우다. 주식회사 '나'에서 현금은 시간, 관계, 돈으로, 이 3가지는 인생의 현금흐름을 결정하는 핵심 자원이다.

첫째, 시간이다. 시간은 가장 공평하지만 그렇기에 잔인한 자원이다. 매일 아침 통장에 8억 6,400만 원이 입금되는데, 하루가 지나면 전부 사라지고, 이월도, 저축도, 복구도 불가능하다. 바로 시간이다. 하루 8만 6,400초의 시간은 매일 입금되지만 쓰지 않으면 사라지는 자산이다.

그러므로 주식회사 '나'의 시간 현금흐름표를 살펴보려면 다음의 질문에 대답해야 한다. 오늘의 8만 6,400초는 어디에 썼는가? 의미 있게 쓴 시간은 몇 초인가? 내일도 같은 방식으로 쓸 것인가?

둘째, 관계다. 인간관계를 맺을 때, 사람들은 당신의 말보다는 태도와 언어를 기억한다. 태도와 언어는 인생의 자산도, 부채도 될 수 있다. 따라서 관계는 감정이 아닌 경영의 문제가 된다. 존중하는 태도는 신뢰 자산을, 무심한 언어는 관계 부채를, 반복하는 말투는 평판이 된다.

관계의 현금흐름표를 살펴보려면 다음의 질문에 답하도록 한다. 나는 어떤 태도의 사람으로 기억되는가? 내가 쓰는 언어는 사람을 살리는가, 위축시키는가? 이 관계는 나와 상대를 모두 성장시키는가?

기업이 모든 거래처를 유지하지 않듯, 인간관계도 선별과 조정이 필요하다.

셋째, 돈이다. 사실 돈은 인생의 목적이 아닌 결과다. 의미와 재미 없이 버는 돈은 공허할 뿐이다. 한편 의미와 재미만 있고

　　　　　　　　　　　　　　　**주식회사 이주열**

돈이 없으면 지속 불가능하다.

돈 관리의 핵심은 단순하다. 돈이 어디서 들어오고 어디로 나가는지 살펴보고, 미래의 수익을 내는 선택을 하면 된다. 따라서 돈은 무엇을 선택했는지, 그 선택이 과연 옳았는지 보여주는 재무 기록인 셈이다. 돈을 어떻게 버는지는 가치관을 보여주고, 어떻게 쓰는지는 철학을 드러낸다.

## 건강한 흑자 내기

—

재무제표의 마지막은 당기순이익이다. 기업의 경우, 모든 수익과 비용을 정산한 뒤에 최종적으로 남는 것을 뜻한다. 그런데 주식회사 나는 기업과 달리, 나다움 × 탁월함=선한 영향력이 당기순이익이 된다.

이 책에서 말하는 나다움은 자기만족이 아니다. 나다움이 탁월해지지 못하면 취미와 취향에 머물고, 탁월함이 공동체로 확장되지 않으면 독선일 뿐이다. 인생 경영의 최종 결과는 나다움이 탁월함을 얻어 지역과 공동체를 살리는 선한 영향력을 발휘하는 것이다. 최종 결산할 때는 다음의 3가지 질문에 대답할 수 있어야 한다.

**• 나의 성장이 타인을 살리는가?**

내가 잘될수록 다른 사람도 함께 좋아지는가? 내가 배운 것을 나누는가? 내가 성공하면서 다른 사람에게도 기회를 주는가? 내가 성장하면서 다른 사람도 성장시키는가?

만약 나만 잘되고 다른 사람에게는 관심 없다면, 건강한 흑자가 아니다.

**• 나의 전문성이 공동체 문제로 이어지는가?**

내가 가진 능력이 나만을 위한 것인가, 공동체를 위한 것인가? 내 전문성으로 어떤 문제를 해결할 수 있는가? 내 역량이 지역사회에 어떻게 기여하는가? 내 경험이 다음 세대에게 어떤 도움이 되는가?

만약 내 능력이 나만을 위한 것이라면, 독선에 가깝다.

**• 나의 성공이 혼자가 아닌 함께한 성과인가?**

내가 이룬 것이 정말 나 혼자 이룬 것인가? 다른 이의 도움이 있었는가? 누구와 함께 만든 결과인가? 이 성공을 누구와 나눌 것인가?

만약 혼자서 이룬 성공이라고 생각한다면, 착각하고 있는 것이다.

위의 3가지 질문에 답할 수 있어야 인생은 건강한 흑자가 된다.

청년자기다움학교에서 36세인 제자가 있었는데, 몇 년 전 취업에 실패한 후 방황하고 있었다. 함께 고민하며 노력한 결과, 얼마 후 그는 중소기업의 기획팀장이 됐다. 연봉도 괜찮았고, 커리어도 안정적이었다. 그런데 그는 만족하지 않았다. 이제 자신이 그동안 받은 것을 돌려줘야 한다고 여겼기 때문이다.

그래서 그는 후배 청년들을 위한 멘토링을 시작했다. 주말마다 시간을 내서 청년들을 만났고, 자신의 실패 경험, 극복 과정을 솔직하게 나눴다. 그렇게 2년이 지난 뒤, 그가 멘토링한 청년 중 5명이 취업에 성공했다. 그는 소감을 말했다.

"제가 성공한 게 아니라, 함께 성공한 거예요. 이제야 제 인생이 흑자가 된 것 같습니다."

사실, 대차대조표를 작성하고 손익계산서를 살펴보고 현금 흐름을 개선하고 당기순이익까지 알아보는 그 과정은 고통스럽기까지 하다. 그러나 재무제표를 살펴보지 않으면 더 큰 위기가 온다. 앞에서 살펴보고 계산한 모든 값이 건전한지, 수익보다 부채가 많지는 않은지 알아두지 않으면 모른 척한 부채가 쌓이고 쌓여서 복리로 돌아올 것이다. 만약 적자라면, 지금이 바로 재설계할 때다. 중요한 것은 왜 적자가 됐는지를 아는 것이다.

# 주식회사 ○○○ 의 재무제표 작성하기

이제 당신의 삶을 '재무제표'로 직접 작성해 볼 차례다.
생각만으로는 아무것도 바뀌지 않는다. 기록하는 순간, 삶의 경영이 시작된다.

### ① 인생 대차대조표(Balance Sheet)

나는 지금 무엇을 가지고 있고, 무엇을 짊어지고 있는가

| 구분 | 내용 작성 |
| --- | --- |
| 자산(Assets):<br>**내가 가진 것** | 예) 나의 강점, 전문성, 경험, 관계, 건강, 신뢰 |
| 부채(Liabilities):<br>**나를 힘들게<br>하는 것** | 예) 소모적인 역할, 끊지 못한 관계, 스트레스, 미루는 일, 피로 누적 |

★ **한 줄 정리**

나는 지금 ________________________________ 상태다

(자산 중심 / 부채 중심)

## ② 인생 손익계산서(Income Statement)

내 삶은 지금 흑자인가, 적자인가

[점수 기준]
1~3점: 거의 없다 /4~6점: 보통 /7~8점: 충분하다 /9~10점: 매우 만족

| 항목 | 점수(1~10) | 이유 |
|---|---|---|
| 의미(Meamimg):<br>나에게 의미가<br>느껴지는 일인가? | | |
| 재미(Fun):<br>즐겁거나 몰입되는<br>순간이 있는가? | | |
| 머니(Money):<br>지속 가능한 수입<br>구조인가? | | |

★ 한 줄 정리

지금 내 삶은＿(흑자 / 정체 / 적자)＿상태다

### ③ 인생 현금흐름표(Cash Flow)

시간, 관계, 돈은 제대로 흐르고 있는가

| 자원 | 들어오는 것(In) | 빠져나가는 것(Out) |
|---|---|---|
| 시간 | 예) 가족, 휴식, 의미 있는 활동 | 예) 아깝다고 생각되는 시간, 의미없는 잡담, 영상 시청 |
| 관계 | 예) 편한 사람, 지지자 | 예) 불편한 관계, 억지 모임 |
| 돈 | 예) 월급, 수입 | 예) 충동소비, 스트레스 소비 |

### ★ 한 줄 정리

지금 나는 ＿＿＿＿＿＿에서 새고 있고, ＿＿＿＿＿＿에 집중해야 한다

## ④ 인생 재설계

이제 구조를 바꿀 차례다

| 구분 | 내용 |
|---|---|
| (-) 줄일 것 | 예예) 형식적 보고, 의미없는 네트워킹 |
| (+) 늘릴 것 | 예) 개인 프로젝트, 기획 역량 |
| (x) 멈출 것 | 예) 미루는 습관, 남들과 비교 |
| (o) 새롭게 투자할 것 | 예) 공부, 운동, 콘텐츠 제작 |

★ 실행 질문

오늘 당장 하나만 바꾼다면 무엇을 바꿀 것인가?

→ ______________________________________________

▶▶

## ⑤ 최종 결산
이제 당신의 상태를 정의하고 방향을 결정하라

지금 나의 인생은 ________________________________ 상태다.
(예: 흑자 경영 / 정체 / 재설계 중 / 부채 정리 단계)

그리고 나는 ____________________ 방향으로 바꾸기로 결정했다.

서명: ________________

날짜: ________________

**09**

:

# 왜 같은 방식으로 무너지는가

## 중심을 잃으면 무너진다

—

지난 20년 넘게 많은 기업을 컨설팅하고 수많은 사람의 삶을 들여다보며 깨달은 한 가지 사실이 있다. 바로 기업이든 개인이든, 무너지는 방식은 거의 비슷하다는 점이었다.

심지어 산업도, 규모도, 직급도 다르지만 패턴은 놀라울 만큼 닮아 있다. 100억 원의 매출을 올리는 중소기업이든 3조 원의 매출을 거두는 대기업이든, 갓 들어간 신입사원이든 20년 경력의 임원이든 상관없이, 무너질 때는 같은 순서를 밟는다. 앞에서 재무제표를 살펴보면서 자신의 자산과 부채를 알아봤을 텐데, 왜 자신의 재무제표가 적자로 기울었는지 그 패턴을 읽어야 한다.

사실 무너지는 길로 접어들 때는 조용하다. 극적인 사건이 갑작스레 덮쳐 무너지지 않는다. 아무렇지도 않은 어느 날 문득, "이게 맞나?" 하는 의심이 스며든다. 그 의심을 방치하는 순간부터 무너짐은 예정된 수순이 된다.

기업 컨설팅을 하다 보면 이상한 경우가 있다. 수치상으로만 보면 괜찮다. 매출도 나쁘지 않고, 흑자를 거두고 있다. 전략도 괜찮고, 그에 관해 세세하게 잘 정리된 보고서가 있다. 그런데 회의실 공기는 죽어 있다. 왜 그럴까? 중심을 잃었기 때문이다.

기업의 중심은 고객이다. 고객의 문제를 해결하고 고객의 삶을 나아지게 하는 것이 기업의 목표다. 고객에게 가치를 제공하는 것이 기업의 존재 이유, 즉 초심이다. 그런데 어느 순간 고객이 아니라 다른 것을 중심에 두기 시작하면 초심에서 벗어나 중심을 잃는다.

고객보다 매출 중심의 성장을 중요시하거나, 주주의 배당에 지나치게 신경 쓰거나, 무작정 사업을 다각화하여 핵심 역량이 없는 분야로 확장하거나, 대표가 유명해지거나 영향력을 높이려 욕심을 부리면, 더 이상 그 기업엔 고객이 없다. 이렇듯 고객이 중심에서 밀려나는 순간, 기업은 표류하기 시작한다.

주식회사 '나'도 마찬가지로 중심을 잃으면 무너진다. 앞에서 살펴봤듯이, 개인은 의미×재미×머니가 건강하게 균형을 이

　　　　　　　주식회사 이주열

뤄야 한다. 그런데 어느 순간 균형이 무너진다. 의미나 재미가 없는데 돈만 벌거나, 의미와 재미는 있는데 돈이 없으면, 공허하거나 힘들다. 이렇게 한쪽으로 기울고 균형을 잃으면 개인도 무너진다.

### • 1단계: 의미의 균열

기업 컨설팅을 할 때 "이 회사는 지금 누구를 위해 존재합니까? 회사의 이념과 미션은 무엇입니까?"라고 묻곤 한다. 이때 바로 명확한 답이 나오지 않으면 이미 중심을 잃은 것이다. 말이 중언부언 길어져도 중심은 흐려지기 시작한 것이다.

개인도 마찬가지다. "요즘 누구를 위해, 무엇을 위해 일하고 있습니까?"라는 질문에 명확하게 한 문장으로 답이 나오지 않으면, 중심을 잃어버린 것이다. 중심을 잃은 사람은 회사가 원한다거나, 먹고살려면 월급을 받아야 한다거나, 앞으로의 이력에 도움이 될 것 같다는 식으로 답한다. 이는 곧 내부의 기준이 아닌 외부의 기준에 맞춘 셈이다. 재미와 머니는 유지되지만, 의미를 찾지 못해 의미 부채가 쌓이기 시작한 것이다.

### • 2단계: 재미의 소진

의미가 흔들리기 시작하면, 재미도 따라서 흔들린다. 그러면

"왜 이 일을 하지?"라는 질문이 자주 떠오른다. 일을 하는 의미가 명확하지 않으니 몰입을 할 수 없고, 몰입이 안 되니 재미가 없다. 좋아하지도 않는 일을 의미도 없이 하는 셈이다. 그러면 이미 의미도, 재미도 마이너스가 된다. 돈은 벌지만 행복하지 않다. 성과는 나오지만 에너지는 줄어든다.

이때부터 시간, 관계, 돈의 현금흐름이 무너진다. 의미 없는 일에 시간을 쏟고, 에너지가 없으니 인간관계에도 투자하지 않는다. 그나마 돈은 남으니, 스트레스 해소를 위한 무의미한 소비가 늘어난다.

### • 3단계: 관성으로 버티기

의미도 없고 재미도 없는데도 계속하는 이유는 머니 때문이다. 월급은 받아야 먹고살 수 있고, 이만한 연봉을 받을 곳을 찾기가 어렵다고 느껴서 안주한다. 그런데 돈만으로는 버티기가 어렵다. 의미, 재미, 머니의 3가지가 균형을 이루지 못하면 지속 불가능하기 때문이다.

이 단계에서 사람들은 번아웃을 느낀다. 번아웃이 오면 몸이 먼저 신호를 보낸다. 계속 피곤한데, 잠은 잘 오지 않고, 감정 기복이 심해져서 갑자기 눈물이 쏟아지기도 한다. 건강 부채, 관계 부채, 의미 부채가 누적되기 시작한 것이다.

### • 4단계: 수치의 악화

드디어 외부에서도 문제가 보이기 시작한다. 기업의 경우라면 매출 감소, 이직률 증가, 고객 불만 증가라는 문제가 불거진다. 개인이라면 업무 성과 하락, 평가 점수 하락, 승진 탈락 등의 문제로 가시화된다.

이 단계가 되면 재무제표 전체가 적자로 돌아선다. 대차대조표의 자산은 줄고 부채는 순식간에 불어난다. 손익계산서의 의미와 재미는 이미 마이너스가 된 지 오래고, 머니도 슬슬 불안해진다. 현금흐름에서는 시간은 없고, 관계는 단절되고, 돈은 불안정하다.

대부분의 사람들은 이 단계가 되어서야 문제를 인식하지만, 이미 때는 늦었다.


### • 5단계: 중심의 완전한 상실

더 이상 회복할 중심이 남지 않았다. 의미도, 재미도, 머니도 모두 마이너스로 돌아선 상태다. 그제야 비로소 왜 이렇게 살았는지, 도대체 무엇을 위해 앞만 보고 달렸는지 후회한다. 그리고 자신이 바라던 모습이 아니라는 걸 깨닫는다. 그런데 관계도 단절되어 도움을 요청할 사람도 없다.

## 다시 중심 세우기

—

이 단계에서 필요한 것은 더 열심히 하는 것이 아니다. 무조건 열심히 한다고 되는 게 아니다. 방향도 없이 열심히만 하는 건 또 다른 부채만 쌓는 꼴이다. 이때는 중심부터 다시 세워야 한다. 그러면 어떻게 해야 할까?

첫째, 의미를 회복해야 한다. "나는 누구를 위해, 무엇을 위해 존재하는가?"라는 질문에 명확하게 한 문장으로 답할 수 있어야 한다. 답이 명확해지면 의미가 회복된다.

둘째, 몰입할 수 있는 일을 찾는다. 무엇을 잘하고, 무슨 일을 할 때 즐거운지 찾아본다. 좋아하지도 않고 잘하지도 못하는 일을 계속할 수는 없다. 그리고 좋아하는 일과 잘하는 일의 교집합을 찾아야 한다.

셋째, 지속 가능한 수익을 만들어야 한다. 의미와 재미를 어떻게 지속 가능한 수익으로 연결할지 고민하고 수익 모델을 성립한다.

의미와 재미만으로는 먹고살 수 없다. 그렇다고 돈만 가지고도 살 수 없다. 의미와 재미, 머니가 균형을 이뤄야 중심을 잡고 다시 일어설 수 있다.

12년차 제조업체 과장이 자신의 문제점이 무엇인지 짚어달라며 나를 찾아왔다. 그의 인생 재무제표 중 손익계산서를 살펴보니, 매일 의미는 −4시간, 재미는 −3시간으로 마이너스였고, 머니만 월 470만 원의 흑자였다. 왜 이 일을 하는지도 모르는 채 억지로 버티고 있었던 것이다.

의미도, 재미도 없이 머니만으로 버티는 건 오래갈 수 없었다. 그래서 그는 6개월간 중심을 다시 세웠다.

첫 달에는 의미를 찾았다. 그는 처음 이 일을 시작할 때 좋은 제품을 만들어 고객에게 가치를 제공하고 싶다는 꿈이 있었다. 그래서 상품 기획, 제품 개발자로 입사했다고 한다. 그러나 9년 차에 영업으로 발령받았고, 그때부터 조금씩 균열이 생긴 것 같다고 했다. 점차 시간이 지나면서 실적, 승진, 평가에 밀려 원래의 꿈과 방향을 잊었다.

그는 스스로에게 진짜 가치 있다고 생각하는 것이 무엇인지 묻기 시작했다. 그리고 찾은 답은 후배들이 잘 성장해서 자신처럼 방황하지 않도록 돕는 것이었다. 그는 새로운 의미를 찾았고, 후배를 성장시키는 멘토가 되겠다는 방향도 찾았다.

둘째 달에는 재미를 회복했다. 자신이 정말 잘하고 즐기는 것을 돌아보았고, 보고서를 쓰는 것보다는 사람 가르치는 일을 훨씬 잘한다는 걸 깨달았다. 또 후배가 성장하는 모습을 볼 때 행복을 느꼈다. 그래서 처음에는 주 1회, 1시간씩 후배에게 멘토링을 시작했다. 그 1시간을 위해 공부하고 준비하는 데 7시간이 걸렸지만 너무도 즐거웠다.

석 달째에는 머니를 재설계했다. 의미와 재미를 어떻게 지속가능하게 만들지 고민하다가 회사에 제안했다. 신입사원 교육 프로그램을 만들어보겠다는 그의 제안에 처음엔 회사에서도 의아해했다. 그는 포기하지 않고 꾸준히 제안하고 콘텐츠를 공유했다. 그 결과, 그는 교육 담당이라는 역할이 추가됐다. 연봉은 그대로였지만, 상관없었다. 마이너스였던 의미와 재미가 흑지로 돌아섰기 때문이다.

그렇게 6개월이 지난 후 그의 재무제표는 건강해졌다.

-4시간이었던 의미는 후배를 가르치는 보람 덕에 +2시간으로 개선됐다. -3시간이었던 재미는 잘하는 일을 하면서 +3시간으로 달라졌다. 머니는 그대로 유지됐다. 결과적으로 대차대조표가 개선되면서 자산 면에서 후배들과의 관계가 추가됐다. 한편 현금흐름은 눈에 띄게 좋아졌다.

연봉은 그대로였지만, 그의 삶은 완전히 달라졌다. 중심을 되찾았더니 모든 게 제자리를 찾은 것이다.

## 위기의 본질은 윈윈 구조의 붕괴다

—

선한 영향력을 다른 말로 하면 윈윈 구조다. 그런데 중심을 잃으면 윈윈 구조도 무너진다. 의미와 재미를 잃으면 나를 먼저 생각하면서 남을 배려할 여유가 없고, 머니만 남으면 돈만 보인다. 결국 나만 살아남으면 그만이라는 식이 된다.

박스(Box)의 CEO 애런 레비는 2005년 21세의 나이로 대학 기숙사에서 친구들과 함께 창업했다. 그의 중심은 명확했다.

"파일 공유가 왜 이렇게 불편하지? 사람들이 쉽게 협업할 수 있게 만들고 싶어."

그는 사람들이 쉽게 협업하게 만들기 위해 기술로 문제를 해결했다. 그 과정에서 클라우드 스토리지 시장의 성장 가능성을 발견했다. 그렇게 그는 의미와 재미, 머니의 건강한 흑자 구조를 찾아냈다.

그러다가 2009년쯤, 개인에서 기업으로 고객을 바꿨다. 포춘 500에 속한 기업들이 대규모 클라우드를 필요로 한다는 걸 발견했기 때문이다. 이는 큰 변화였지만, 사람들의 협업을 돕는다는 의미는 그대로였다. 타깃 고객이 바뀌었을 뿐, 중심은 흔들리지 않았다. 그 결과 2011년에는 사용자 700만을 확보하며 8천만 달러의 투자를 유치했다.

그때 시트릭스(Citrix)가 박스를 6억 달러(약 7,200억 원)에 인수하겠다고 나섰다. 20대 중반 청년들로서는 상상도 못 할 만큼 큰 금액이었다. 레비와 공동 창업자들과 머리를 맞대고 고민하며 회의했다.

"우리 인생의 중심은 뭐지?"

만약 그들의 중심이 돈이었다면, 두 번 생각할 필요도 없이 팔았을 것이다. 6억 달러면 평생 놀고먹을 수 있는 금액이다. 그런데 레비는 사람들의 협업을 돕고 싶다는 의미가 중요했고, 기술로 사람들의 문제를 해결하는 일을 정말로 즐겼다. 물론 6억 달러도 큰돈이지만, 더 큰 금액을 만들 수도 있다고 생각했다.

무엇보다도 지금 매각하면 현재 700만 사용자가 어떻게 될지가 걱정이었다. 그는 고객을 생각했다. 시트릭스가 인수한 뒤 서비스를 중단하거나 기업의 사업 방향을 바꿀 수도 있었다. 그러면 현재 고객들은 난감해질 수도 있었다.

결국 레비는 인수 제안을 거절했다. 투자자들은 화를 냈다. 레비도 자신이 잘못된 선택을 한 건 아닌지, 괜히 큰돈과 기회를 날린 건 아닌지 잠을 못 이룰 정도였다. 그래도 그는 흔들리지 않았다.

3년 후인 2015년에 나스닥에 상장했을 때, 박스의 기업 가치는 17억 달러였다. 2025년 현재는 시가총액 44억 달러(약 5조 3천

억 원), 기업 고객은 11만 5,000군데다. 시트릭스의 인수 제안을 거절한 결과, 투자자들은 수십억 달러의 수익을 올렸고, 11만 5,000개 기업은 안정적으로 클라우드를 사용하고 있으며, 레비 자신은 의미 있는 일을 계속하면서 더 큰 가치를 창출했다. 결국 투자자도, 고객도, 자신도 모두 윈윈한 것이다. 레비는 이렇게 말했다.

"클라우드 스토리지 산업이 성장하고 있었고, 박스가 6억 달러보다 더한 가치를 얻을 수 있다면, 그걸 확인하는 유일한 방법은 우리가 직접 계속 키우는 것뿐이었습니다."

이와는 반대되는 사례를 살펴보자. 어느 중견 기업 영업본부장인 최 본부장은 25년차 베테랑으로, 왜 이 일을 하는지 잊은 지 오래였다. 25년째 똑같은 일만 하다 보니 관성에 따라 움직였고, 승진과 보너스만이 그의 관심사였다.

그런데 2023년 4분기 목표액은 200억 원이었다. 11월 말까지의 실적은 160억 원으로 아직 40억 원이 부족했다. 그는 주요 거래처 3곳에 전화해서 이번 달에 물량을 좀 더 받아달라고 부탁했다. 거래처는 모두 재고가 많이 쌓여 있다며 난색을 표했다. 최 본부장은 자신의 승진이 걸려 있으니 좀 도와달라고 떼를 썼다. 그의 중심은 고객이 아닌 자기 자신이었다. 결국 3곳의 거래처에 나눠서 물량을 떠안기고 목표를 달성해서 보너스

2천만 원을 받았다.

그로부터 3개월 뒤, 한 곳은 거래를 끊었고, 한 곳은 연락이 두절됐으며, 남은 한 곳은 아예 경쟁사로 거래처를 바꿨다. 그 결과, 2024년 1분기 실적은 80억으로 줄었다.

최 본부장은 2023년 4분기에는 포상금 2천만 원을 받았지만, 거래처를 3군데나 잃고 오히려 그다음 분기에는 실적이 폭락했다. 거래처에서는 재고를 떠안기는 거래처에 대해 신뢰를 잃었을 것이고, 회사로서는 단기적으로는 매출이 올랐을지 몰라도 장기적으로는 거래처를 잃어 오히려 더 큰 손실을 입었다. 결국 모두가 지는 구조가 되고 말았다.

그렇다면 혼자서 이 중심을 지킬 수 있을까? 그렇지 않다. 레비는 혼자가 아니었다. 공동 창업자와 투자자, 700만 사용자가 함께했다. 그가 중심을 지키려 할 때, 그들도 함께했다.

하지만 최 본부장은 혼자였다. 중심을 잃었을 때 되돌려줄 사람이 없었다. 중심을 잃지 않으려면, 혼자서는 안 된다. 나의 성장이 타인을 살리는지, 나의 전문성이 공동체로 이어지는지, 나의 성공이 함께한 결과인지 점검해야 한다.

## 중심을 잃지 않고 위기의 본질을 찾는 질문

★ 지금 하는 일에서 의미, 재미, 머니 중 가장 먼저 흔들리기 시작한 것은 무엇인가? 그것이 흔들린 구체적인 순간을 떠올려보라.

★ 최근 1년간 내 결정이 나만을 위한 것이었는지, 함께한 사람들도 이익을 얻었는지 돌아보라. 나의 성공이 윈윈의 결과였는가, 아니면 누군가에게 재고를 떠안긴 결과였는가?

★ 지금 내 삶의 재무제표에서 가장 큰 부채는 무엇인가? 의미 부채인가, 관계 부채인가, 건강 부채인가? 그 부채가 언제부터 쌓이기 시작했는지 추적해보라.

★ 내가 중심을 잃어갈 때 되돌려줄 수 있는 사람이 곁에 있는가? 그 사람은 누구이며, 지금 그 관계에 충분히 투자하고 있는가?

# 10

# 사람을 배우는 경영

## 계획은 혼자, 실행은 함께

—

앞에서 살펴본 애런 레비가 중심을 지킬 수 있었던 건 혼자가 아니었기 때문이다. 함께 고민하고, 아낌없이 조언해주고, 중심을 잡아주는 사람들이 있었다. 그러니까 정말로 중요한 것은 사람이고, 그들로부터 배우는 능력이다.

컨설팅 현장에서 일하다 보면 수없이 많은 전략 보고서를 접한다. 시장 분석도 완벽하고, 재무 계획도 잘 세웠고, 실행 계획도 구체적인데, 그런 전략의 대부분은 흔적도 남지 않고 사라진다. 실행하는 사람이 없기 때문이다. 정확히 말하면, 실행할 의지를 지닌 사람이 없다. 자기 일처럼 여기는 사람이 없다는 말이다.

전략대로 되지 않는 것 같아 안타까워하던 기업 대표가 자신들의 전략이 도대체 뭐가 문제인지 질문한 적이 있다.

"전략은 문제없습니다. 문제는 당신 팀원들 중 누구도 그 전략을 믿지 않는다는 겁니다."

믿지 않는 사람은 움직이지 않고, 움직이지 않는 사람은 성과를 만들지 못한다.

주식회사 '나'도 마찬가지다. 아무리 인생 계획을 훌륭하게 짜도, 나 혼자서만 실행하려 하면 무너진다.

모든 기업에는 이사회가 있다. 경영진만으로는 부족하기 때문이다. 이사회는 다양한 관점, 깊이 있는 전문성, 냉정한 조언을 제공한다. 그렇다면 주식회사 '나'의 이사회는 누구일까?

당신이 중요한 결정을 내릴 때 누구의 조언을 구하는가? 특별히 떠오르는 사람이 없거나, 그때그때 눈에 띄는 사람에게 상담하는 경우가 많을 것이다. 그것이 문제다. 혼자 모든 결정을 내린다. 혼자 고민하고, 혼자 판단하고, 혼자 책임진다. 그러다 무너진다.

주식회사 '나'에 필요한 이사회는 나를 객관적으로 볼 수 있는 사람, 내가 모르는 영역의 전문가, 내 장기적 이익을 생각해 주는 사람, 불편한 진실을 말해줄 수 있는 사람이다.

## 숫자는 과거를, 태도는 미래를 보여준다

—

기업을 진단할 때 나는 숫자만 보지 않는다. 물론 재무제표를 보고 매출, 영업이익, 현금흐름 등을 확인하지만, 그보다 더 중요하게 보는 것이 있다. 바로 사람들의 태도다. 회의 시간에 얼마나 적극적으로 질문하는지, 문제가 생겼을 때 누가 먼저 손을 드는지, 대표이사와 자연스럽게 대화를 나눌 수 있는지를 눈여겨본다.

컨설팅하러 갔던 어느 회사는 수치상 문제가 없었다. 그런데 회의실 분위기가 무거웠고,

아무도 질문하지 않았다. 대표가 말하면 다들 고개만 끄덕일 뿐이었다. 나는 그 대표에게 말했다.

"1년 안에 위기가 올지도 모릅니다."

실제로 8개월 뒤 그 회사는 시장 변화를 놓쳐 큰 손실을 입었다. 징조는 이미 회의실에서 드러났다. 아무도 말하지 않았을 뿐이다.

한편, 어느 스타트업은 초기라 수치는 형편없었지만, 회의 분위기가 달랐다. 사람들이 서로 의견을 경청했고, 문제가 생기면 머리를 맞대고 고민했다. 실패해도 남 탓으로 돌려 비난하지 않았고, 그 실패로부터 배웠다. 결국 3년 뒤에 그 스타트업은 시리즈B 투자를 받았다.

재무제표의 숫자는 과거에 어떠했는지를 보여주지만, 태도는 그 기업이 미래에 어떻게 될지를 알려준다. 취업을 준비하는 두 명의 청년이 있었다. 한 청년은 하루 8시간씩 공부하며 정해진 커리큘럼에 따라갈 뿐이었다. 그러나 한 청년은 똑같이 8시간을 공부해도 막히면 즉시 질문을 던지고, 자신이 얼마나 발전했는지 수시로 점검했다. 6개월 뒤, 그는 합격했지만 정해진 커리큘럼만 따라 하던 청년은 여전히 취업을 준비하고 있었다.

몇 시간을 채우는지는 중요하지 않다. 그보다는 공부하는 수동적 태도와 적극적으로 질문하고 성장을 점검하는 적극적인 태도의 차이가 두 사람의 성패를 갈랐다.


## 도전하고 배워야만 살아남는다

—

20년 넘게 컨설팅을 하며 많은 기업을 지켜봤다. 그러면서 발견한 점이 오래가는 조직에는 공통점이 하나 있다는 것이었다. 바로 도전하고 배우는 문화다.

그들은 실패를 숨기지 않고, 그 실패 경험을 공유한다. 잘한 사람은 물론 칭찬받아 마땅하지만, 실패한 사람도 존중한다. 그리고 실패를 두려워하기보다는 새로운 시도를 격려한다. 실패할 가능성이 높아도 우선 시도해보게끔 한다.

도요타에는 안돈 시스템이 있었다. 생산라인에 있는 누구라도 문제를 발견하면 즉시 라인을 멈출 수 있게 한 제도였다. 처음에는 오히려 생산성이 떨어졌다. 그러나 장기적으로는 불량률이 급감했다. 모든 직원이 문제를 배우는 기회로 삼았기 때문이다.

반대로 무너지는 조직은 배우려 들지 않는다. 혁신하려 하거나 새로운 방식을 도입하지 않는다. 귀찮고 번거롭기 때문이다. 그래서 원래의 방식을 고수한다. "실패하면 누가 책임지는데?"라는 말로 책임을 회피한다. 이런 말이 나오는 순간, 그 조직은 이미 죽은 셈이다.

회사의 대표인 내 지인 중 하나는 매주 다음과 같은 루틴을 지켰다.

**월요일**: 업계 뉴스 3개 정리, 영향 분석
**화요일**: 다른 업종 사람과 식사하며 인사이트 교환
**수요일**: 최고경영자 모임 참석
**목요일**: 직원 1:1 면담
**금요일**: 이번 주 배운 것 3가지 기록
**토요일**: 경영 서적 1권 읽고 적용 방법 고민

자신이 배움을 멈추면 회사가 멈춘다고 생각해서 끊임없이 배울 기회를 찾고 배운 것을 시도하려 애썼다. 그 결과, 5년 만

에 직원이 10명에서 70명으로 늘었고 매출도 5배나 성장했다.

배움은 재능이기도 하지만, 나답게 살아가기 위한 가장 중요
한 습관이다.


## 배움에 투자하라

—

CEO 중에 "사람이 중요한 건 알겠는데, 구체적으로 뭘 해야
합니까?"라고 묻는 사람들이 많다. 나는 다음의 2가지를 살펴
보길 권한다.

첫째, 시간을 어디에 쓰는가? 어떤 CEO는 전략 회의에 80%
의 시간을 쓰고, 어떤 CEO는 직원들과의 1:1 면담에 50%의 시
간을 쓴다. 10년 뒤 어떤 회사가 더 발전해 있을까? 경험상 후
자다. 전략은 바뀌기 마련이고, 시장도 바뀐다. 그러나 사람이
성장하면 어떤 변화에든 대응할 수 있다.

둘째, 돈을 어디에 쓰는가? 어떤 회사는 마케팅에 예산의
70%를 쓰고, 어떤 회사는 직원 교육에 예산의 20%를 쓴다. 단
기적으로는 전자가 매출이 높겠지만, 장기적으로는 후자가 살
아남는다.

모든 기업은 R&D에 투자하려 한다. 삼성전자는 매출의 9%,

애플은 6%, 구글은 15%를 쓴다. 오늘의 제품만으로는 내일을 보장할 수 없기 때문이다. 그렇다면 주식회사 나는 얼마나 투자하고 있을까? 대개는 월요일부터 금요일까지 주5일간 출퇴근을 합쳐 50시간 이상을 직장에 쓴다. 그러니 배움에 투자하는 시간이 거의 없다. 바쁘다거나, 다음 주에도 일하려면 주말에는 쉬어야 한다고 말한다.

하지만 삼성전자는 위기에도 R&D 예산을 삭감하지 않는다. 오히려 위기일수록 늘린다. 이와 마찬가지로, 바쁘다고 배움을 미루는 순간, 당신의 미래는 사라진다.

시간만이 아니다. 대부분의 사람들은 자기계발에 돈을 쓰지 않는다. 내가 아는 사람은 월급의 30%를 자신에게 투자했다. 전문가 코칭을 받고, 온라인 강의를 듣고, 책을 사 읽고, 업계 컨퍼런스에 참석했다. 처음에 2년은 힘들었다. 그런데 3년차부터 달라지기 시작했다. 연봉이 2배가 되고 프리랜서로 독립했다. 그렇게 자신에게 투자한 지 5년이 지났다.

"나에게 투자하는 게 가장 확실한 재테크였어요."

적어도 시간의 10%는 미래에 투자하고, 수입의 10%는 역량 개발에 사용해야 한다. 그렇지 않다면, R&D 없이 운영되는 기업이나 다를 바 없다. 미래가 없다는 말이다.

몇 년 새 AI가 폭발적으로 성장했다. 간혹 자신의 업계는 끝났다고, 직업이 사라질 거라고 비관적으로 받아들이는 사람들이 있다. 그러나 어떤 사람들은 AI를 어떻게 활용할 수 있을지 고민하고 배웠다. 그로부터 1년 뒤, 이 두 그룹의 차이는 극명하게 갈렸다.

같은 회사에서 근무하는 마케터 두 명이 있었는데, 한 명은 AI로 인한 변화에 저항했다. 그는 AI를 배우거나 활용할 생각을 하지 않았고, 그 결과 후배들에게 밀렸다. 한편, 즉시 챗GPT를 깔고 배워서 활용한 마케터는 기본 사용법을 익히고, 프롬프트를 연구하고, 결과물을 다듬는 데 몇 주 걸리지 않았다. 그리고 6개월 뒤에는 팀장이 되었다. 빠르게 배우자, 빠르게 적응했고, 더 빨리 살아남은 것이다.

배움의 속도를 높이는 방법이 있다. 우선, 작게 시작하고 빨리 실행한다. 완벽하게 배우려고 하지 말고 70% 정도 이해했으면 일단 적용하고 실행해본다. 둘째, 피드백 루프를 짧게 가져간다. 몇 달 뒤에 평가하지 말고, 일주일마다, 아니, 매일 점검한다. 오늘 배운 것과 내일 개선할 것을 찾고 확인한다. 셋째, 배운 것을 즉시 공유한다. 혼자 배우면 느리다. 배운 것을 다른 사람에게 설명하는 순간 더 깊이 이해된다.

## 쓸모없는 배움은 언러닝하라

—

배움에는 2가지가 있다. 새로운 것을 배우는 것과 잘못된 것을 버리는 것이다. 과거에는 유효했지만 지금은 성장을 가로막는 낡은 습관, 고정관념, 성공 방식을 의도적으로 버리는 과정이 바로 언러닝이다. 대부분의 사람들은 배우는 데만 집중하지만, 진짜 성장은 버리는 데서 일어난다.

대기업 임원으로 승진한 한 지인이 고민을 털어놨다.

"지난 20년간 완벽해야 한다고 배웠습니다. 그래서 여기까지 왔고요. 그런데 요즘 팀원들이 저를 힘들어합니다. 제가 지나치게 완벽함을 요구한대요. 젊은 친구들은 시도하고 실패하고 배우고 싶어 하는데, 저는 그 과정을 도무지 견디지 못하겠더라고요."

그가 성공할 수 있었던 건 완벽주의 덕분이었는데, 이제 그 완벽주의가 팀을 질식시키고 있었다.

"당신이 배워야 할 것은 새로운 리더십 기법이 아닙니다. 오히려 오래된 믿음을 버리는 겁니다. 완벽해야 성공한다는 믿음이요."

그는 노력했고, 결국 실패를 허용하기 시작했다. 그러자 팀 분위기가 완전히 바뀌었다.

시대가 바뀌고 사회가 변한 만큼, 이제는 버려야 할 배움 혹은 믿음이 있다. 혼자 해야 빠르다는 믿음을 버리고 함께하면 더 멀리 간다고 생각한다. 실패는 창피한 게 아니라 배움의 기회다. 많이 아는 게 경쟁력이 아니라 빨리 배워야 경쟁력이다. 나를 증명하려 하기보단 성장시켜야 한다.

주식회사 나는 무엇을 버려야 하는가? 지금 가진 믿음 중에서, 5년 전에는 유용했지만 지금은 오히려 발목을 잡는 것이 무엇인가? 그것을 찾아내고 버리는 것이 진짜 배움이다.



### 내 삶의 경영 방식을 알아보는 질문

★ 지금 내 삶의 이사회는 누구인가? 나를 객관적으로 보는 사람, 불편한 진실을 말해줄 수 있는 사람이 곁에 있는가? 그 이사회는 제대로 작동하고 있는가?

★ 나는 시간과 돈을 어디에 쓰고 있는가? 지난 한 달을 돌아보라. 미래의 나를 위한 R&D에 시간의 10%, 수입의 10%를 투자하고 있는가?

★ 나의 태도는 수동적인가, 적극적인가? 막히면 질문하고 성장을 스스로 점검하는가, 아니면 주어진 커리큘럼을 채우는 데 그치고 있는가?

★ 지금 내 성장을 가로막고 있는 낡은 믿음은 무엇인가? 5년 전에는 유효했지만 지금은 오히려 발목을 잡고 있는 것을 하나만 꼽는다면?

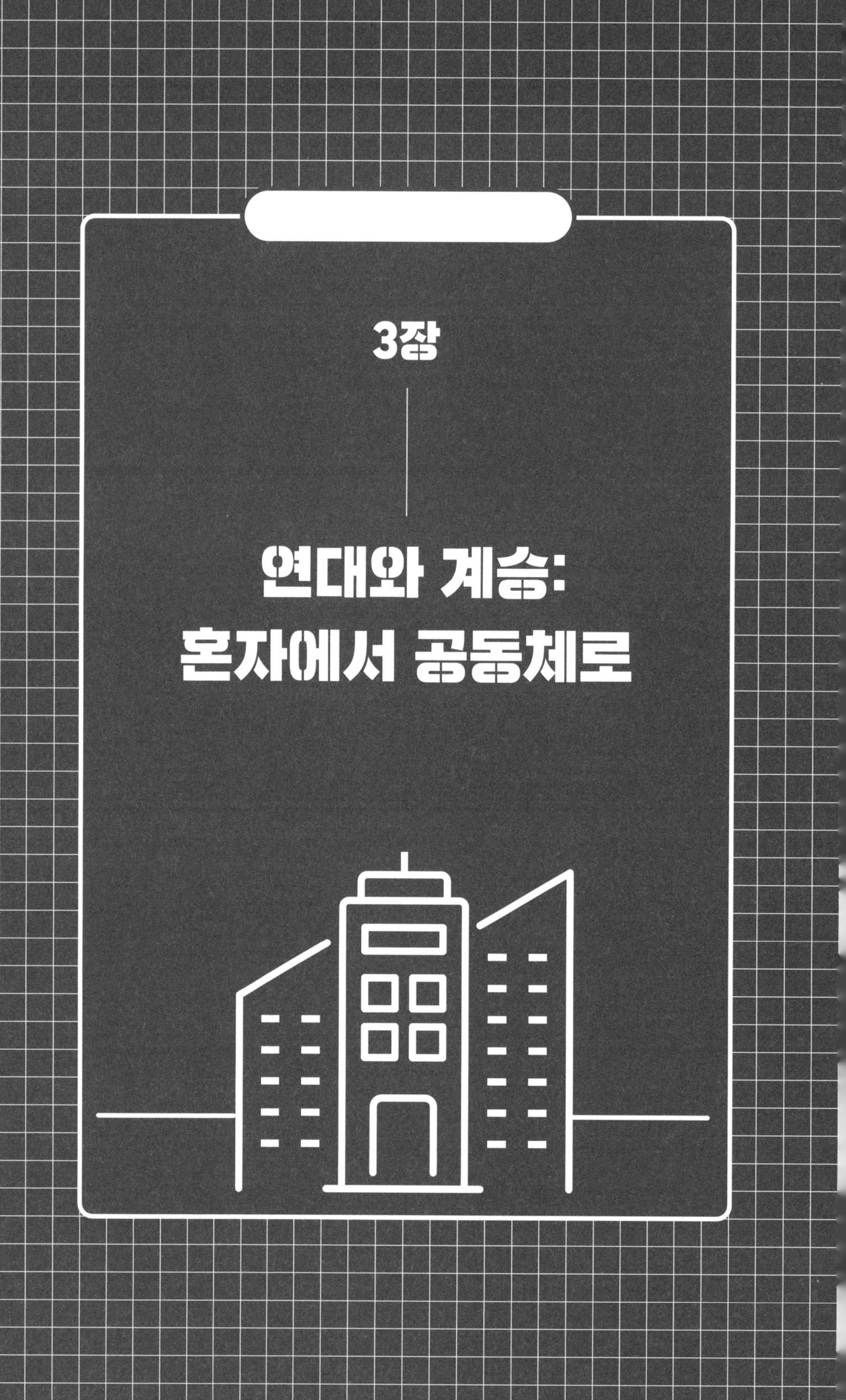
3장

연대와 계승:
혼자에서 공동체로

# 11

# 고립된 회사는
# 조용히 무너진다

## 관계를 비용으로 본 결과

—

창업 3년차인 스타트업 대표를 만났다. 매출도 괜찮고 팀도 꾸준히 성장 중이다. 그런데 그의 표정이 어두웠다. 무슨 일인지 물었더니 그의 대답이 의외였다.

"요즘 너무 외롭습니다."

외롭다고? 그는 팀원이 15명이나 됐다.

"매일 직원들과 이야기하지만 정작 고민을 나눌 사람이 없어요. 다른 대표들은 바빠서 만날 시간도 없고, 선배들한테 물어보기도 애매하고. 그냥 혼자 버티고 사는 느낌이에요."

이 말을 듣는 순간, 나는 20년 전 내 모습이 떠올랐다. 컨설턴트로 승승장구하던 시절, 나도 그랬다. 일도 많았고 사람들도 많이 만났지만, 정작 나는 고립되어 있었다. 동료는 경쟁자였고, 선배는 평가자였으며, 후배는 관리 대상이었다. 진정한 관계는 없었다. 그러다가 번아웃이 왔다. 지금 생각해보면 당연했다. 혼자서는 안 되는 일을 혼자 하려 했으니까 말이다.

기업 컨설팅을 하다 보면 잘나가던 기업이 어느 순간 멈추는 경우를 본다. 매출은 정체되고, 혁신은 사라지고, 직원들은 지친다. 그럴 때 대표에게 이야기를 나누는 사람이 있는지 물으면, 고민을 털어놓고 조언을 구하는 진짜 이야기는 나눌 사람도, 시간도 없다고 대답한다. 그들은 "나 혼자 하는 게 빠르니까"라고 생각하고, 사람들과 제대로 대화를 나눌 시간을 아낀다.

언뜻 보면 효율적이다. 회의 시간도 줄어들고, 의사결정은 빨라지며, 바로바로 실행된다. 그런데 이 상태가 몇 년이고 지속되면 회사가 고립된다. 대표가 고립되니 시장에서 고립되고, 고객에서 고립되고, 심지어 회사 내에서도 고립된다. 그런데 왜 혼자 하는 게 빠르다고 생각할까?

15년 동안 한 회사를 다닌 지인이 있었다. 성실했고, 실력도 좋았다. 갑자기 회사에서 구조조정을 하면서 지인도 퇴직을 하게 됐고, 새로 직장을 구해야 했다. 그런데 그가 어쩔 줄 몰라 하며 이력서를 쓰는데 추천인을 쓸 사람이 없다며 고민했다. 나는 깜짝 놀랐다.

"15년 동안 그렇게 많은 사람을 만났는데요?"

"그게 다 업무 관계였어요. 퇴근하면 집에 가고, 주말엔 쉬고. 외부 활동은 시간 낭비라고 생각했거든요."

그는 관계를 비용으로 여겼던 것이다. 회식은 시간 낭비이고, 동호회는 쓸데없으며, 외부 세미나는 오히려 업무에 방해가 된다고 여겨 웬만하면 하지 않았다. 언뜻 보면 효율적으로 보였다. 그런데 정작 위기가 왔을 때, 그를 도와줄 사람이 없었다.

그 후로도 6개월 동안 그는 구직에 실패했다. 스펙은 좋았지만 추천해줄 사람이 없었던 것이다. 결국 연봉을 30%나 낮춰서 작은 기업에 재취업할 수 있었다.

이렇듯 관계를 비용으로 보는 순간, 당신은 고립된다.


## 혼자서도 잘할 수 있다는 착각

—

청년자기다움학교를 운영하며 20대 청년들에게 많이 듣는 말이 "혼자 하는 게 편해요"라는 것이다. 이유도 다양하다.

"사람들이랑 어울리면 피곤해요."

"내 시간 빼앗기는 게 싫어요."

"혼자 하면 다른 사람 눈치 안 봐도 되잖아요."

혼자 하면 편하다, 당장은. 그런데 3년, 5년이 지나면 어떻게 될까?

28세 제자가 있었다. 똑똑하고 성실했다. 스펙도 나쁘지 않고, 능력도 있었다. 그런데 1년 만에 회사를 그만뒀다. 다음 회사도 6개월이면 그만뒀다. 세 번째 회사도 마찬가지였다. 왜 자꾸 그만두는지 이해할 수가 없었다.

"사람들이랑 안 맞아요. 제 방식이 있는데 자꾸 간섭하고, 회의하고, 협업하자고 하고."

그는 무엇이든 혼자 하는 데 익숙했다. 학교를 다닐 때도 팀플을 싫어했다. 동아리 활동도 하지 않았다. 혼자 준비해서 취업했다.

그런데 회사는 달랐다. 혼자서는 아무것도 할 수 없다. 협업해야 하고, 소통해야 하고, 때론 양보해야 한다. 그는 이걸 못 견뎠다. 결국 3년 뒤에야 그는 혼자서는 아무것도 할 수 없다는 걸 깨달았다.

2000년대 초반까지만 해도 기업들은 R&D를 비밀로 했다. 우리만의 기술이 경쟁력이기 때문이다. 그런데 지금은 그렇지 않다. 삼성전자를 비롯해 대기업들은 스타트업과 협업한다. 현대차는 구글, 애플과 손잡는다. P&G는 외부 아이디어를 적극

　　　　　　　　　　　　　　　　　　　　　　　　　　**주식회사 이주열**

적으로 받아들인다. 혼자서는 기술의 변화 속도를 따라잡을 수 없기 때문이다. 삼성전자가 아무리 대기업이고 돈이 많아도 혼자서는 해결할 수 없다. 협업해야 살아남는다. 오픈이노베이션이 필요한 건 그래서다.

AI, 블록체인, 양자컴퓨터의 시대가 되니 혼자서는 더욱 안 된다. 챗GPT를 위시한 AI 도구들이 세상을 바꾸면서 이제는 혼자서도 다 할 수 있다고 착각한다. 물론 AI는 코드를 짜줄 수도 있고, 보고서를 써주기도 하고, 데이터를 분석해줄 수도 있다.

그런데 AI가 못 하는 게 있다. 바로 사람과 사람을 연결하는 것이다. AI는 당신에게 조언해줄 멘토를 찾아주지 못한다. AI는 당신이 힘들 때 위로해줄 동료를 만들어주지 못한다. AI는 당신의 아이디어에 피드백을 주는 커뮤니티를 형성해주지 못한다.

AI시대에 가장 중요한 건 오히려 사람이다. AI가 못 하는 걸 사람이 해야 한다. 아무리 발전해도 네트워킹, 신뢰 구축, 협업, 공감, 연대는 절대 못 하는 일이다.

사회학자 마크 그래노베터는 "약한 연결의 강함(Strength of Weak Ties)"이라는 개념을 제시했다. 그의 연구에 따르면, 사람들이 새 직장을 구할 때 가족이나 친한 친구(강한 연결)를 통하는 경우가 17%, 지인이나 아는 사람(약한 연결)을 통하는 경우가 56%라고 했다. 왜 강한 연결보다 약한 연결이 더 강한 힘을 발휘할까?

강한 연결은 나와 가까운 만큼 비슷한 정보를 공유한다. 그래서 그들이 아는 정보는 나도 안다. 그러나 약한 연결은 다른 세계를 연결한다. 직장 동기의 대학 선배, 세미나에서 만난 타업종 사람, SNS에서 알게 된 창업가는 완전히 다른 정보, 다른 기회를 가져다준다.

문제는 대부분의 사람들이 이런 연결을 알지 못한다는 것이다. 시간 없다거나, 낯선 사람을 만나는 게 부담스럽다거나, 당장 필요하지 않은데 왜 시간과 돈을 들여야 하냐며 거부한다. 그러다가 위기가 오면 그때는 이미 늦었다.


## 연대는 생존 전략이다

—

내가 청년자기다움학교를 시작한 게 2014년이다. 처음엔 자기다움을 찾자는 것이 목표였는데, 10년이 지나고 보니 그 목표만큼이나 중요한 게 생겼다. 커뮤니티, 즉 공동체가 만들어진 것이다. 이 학교를 졸업한 이가 300명이 넘어, 지금 서로가 서로의 이사회가 됐다. 누가 창업하면 고객을 소개해주고, 이직하면 추천인이 돼준다. 누군가 힘들다고 하면 모여서 같이 고민한다. 이게 커뮤니티의 힘이다. 처음에는 나다움을 찾으러 했는데, 결국 '우리'를 찾았다.

2021년, 두 명의 청년이 IT 스타트업을 창업했다. A는 혼자 집중하는 게 좋다고 여기고, 창업가 모임은 시간 낭비로 여겼다. 그 시간에 코딩 한 줄이라도 더 하는 게 낫다며, 1년 동안 혼자 개발했다. 그렇게 제품은 만들었지만 고객이 없었다. 어떻게 마케팅할지, 투자는 어떻게 받는지 몰랐다. 결국 1년 반 만에 문을 닫았다.

한편 B는 일주일에 한 번은 다른 창업가를 만났다. 같이 밥을 먹고 차를 마시며 고민도 나누고 정보를 공유했다. 처음에는 대여섯 명이 모여 느슨하게 만났는데, 점차 서로 돕기 시작했다. 다른 사람의 제품을 봐주기도 하고, 아는 투자자를 소개해주고, 자신의 고객에게 다른 사람의 서비스를 추천했다. 그렇게 3년 뒤, B는 시리즈 A 투자를 받았다.

차이는 명확했다. A는 혼자 열심히 했고, B는 함께 똑똑하게 했다.

많이들 착각하는데, 도움을 청하면 나약해 보인다고 생각한다. 그러나 무작정 혼자 하겠다는 건 강한 게 아니라 고집일 뿐이다. 진짜 강한 사람은 언제 도움을 청해야 하는지 안다. 누구와 연대해야 더 멀리 갈 수 있는지 안다. 그러므로 연대는 약함의 고백이 아니라 강함의 선택이다.

이렇듯 연대는 생존으로 이어지기 때문에 느슨한 연대라도 있어야 한다. 특히 내향적인 성격의 청년들은 남들과 친하게 지내는 걸 부담스러워한다. 그러나 꼭 친할 필요는 없다. 한 달에 한 번 모이는 스터디여도 좋고, 분기별로 한 번 보는 동문회여도 괜찮다. 1년에 한두 번 연락하는 선후배여도 상관없다. 매일 만날 필요는 없다. 가끔 연락하고, 필요할 때 도움을 청하고, 도움을 줄 수 있을 때 주면 된다. 중요한 건 완전히 고립되지 않는 것이다.

융합과 협업, 오픈이노베이션이 빠지지 않는 키워드인 이유는 혼자서는 답이 없기 때문이다. 전지구적인 기후위기는 기술만으로 안 된다. 정책, 경제, 사회, 문화가 얽힌 복잡한 문제이므로 학제 간 융합이 있어야 해결할 수 있다. AI와 관련된 윤리 문제도 그렇다. 엔지니어만으로 안 된다. 철학자, 법학자, 사회학자가 함께 고민해야 한다. 이렇듯 시대가 융합을 요구하고 있다.

주식회사 '나'도 마찬가지다. 아무리 똑똑한 사람이라도, 한 사람이 지닐 수 있는 관점은 한정돼 있고 편협한 면이 있다. 그 한계를 넘어서려면 다른 업종, 다른 전문성을 지닌 사람을 만나야 한다. 다른 세대와 소통하고 다른 문화권의 사람과 협업해야 한다.

연결하고, 융합하고, 협업해야 생존할 수 있다.

　　　　　　　　　　　　　　　　　　**주식회사 이주열**

## 내 삶의 관계를 살펴보는 질문

★ 나는 관계를 투자로 보는가, 비용으로 보는가? 지금 당장 위기가 온다면 나를 도와줄 수 있는 사람이 몇 명이나 있는가? 그 관계에 나는 얼마나 투자하고 있는가?

★ 내 삶에 '약한 연결'이 있는가? 다른 업종, 다른 세대, 다른 전문성을 가진 사람과 최근 언제 연결됐는가? 그 연결이 나에게 어떤 새로운 관점이나 기회를 가져다줬는가?

★ 나는 혼자 하는 게 편하다고 여기는가, 함께하는 게 더 멀리 간다고 믿는가? 지금 혼자 버티고 있는 고민이나 프로젝트가 있다면, 누구와 연대할 수 있는가?

★ 나는 지금 어떤 공동체에 속해 있는가? 그 공동체가 서로의 이사회가 되어주고 있는가, 아니면 그냥 모이는 데 그치고 있는가?

# 12

# 공동체가 필요하다

## 도움을 구하러 왔다가 도움을 주러 오는 곳

—

6년 전, 나는 서울벤처포럼을 만들었다. 그 전에도 스투피드 챌린저 포럼(Stupid Challenger Forum)을 비롯해 다양한 시도를 했는데, 그때마다 사람들은 의아해했다. 이미 창업가 모임이 많은데, 왜 또 만드는지 이해가 가지 않는다고 했다.

물론 기존의 창업가 모임도 많다. 네트워킹 행사도 많다. 그런데 대부분 비즈니스 미팅이었다. 명함을 교환하고, 사업에 관해 이야기하고, 투자를 알아보고. 끝나면 다들 흩어진다. 다음에 또 만날 일이 있으면 만나고, 없으면 끝이다. 일회성의 만남이지 지속된 커뮤니케이션을 기반으로 하는 진짜 공동체가 아니었다.

나는 청년이든, 학생이든, 직장인이든, 비즈니스맨이든, 쉬고 놀고 일하고 성장하는 공동체를 만들고 싶었다.

비즈니스를 기반으로 하되 서로 삶을 나누며, 성공 스토리뿐만 아니라 실패와 고민까지 털어놓을 수 있길 바랐다. 투자자를 만나는 동시에 진짜 친구를 만나 위로받고, 끝없이 변화하는 세상을 통찰하고 배우며, 서로 성장을 도모하고 응원할 수 있는 곳을 만들고 싶었다.

그래서 서울벤처포럼을 만들었다.

첫 모임 때 나는 "언제든 찾아올 수 있는 곳"이라고 소개했다.

"여기는 비즈니스 이야기만 하는 자리가 아닙니다. 당신이 힘들 때면 찾아올 수 있는 곳입니다. 사업이 안 풀릴 때, 직원이 회사를 나갔을 때, 투자가 깨졌을 때, 그냥 외로울 때, 언제든 찾아오세요."

처음엔 다들 어리둥절해했다.

"그냥 와도 된다고요? 진짜 도움을 청해도 되나요?"

그로부터 6년이 지났다. 지금 서울벤처포럼에는 150명이 넘는 창업가들이 있다. 그들은 진짜로 언제든 찾아온다. 그래서 바쁘긴 하지만, 이런 만남은 언제든 좋다. 그들이 찾아와주는 것이 내게도 힘이 되고 기쁨이 된다.

그런데 요즘 고민이 있다. 너무 많은 요청이 쇄도하기 때문이다. 매출이 안 나와서 걱정이라거나, 어떤 직원을 뽑아야 할지 고민이라거나, 직원들의 성장은 어떻게 지원해야 하는지 등등 하루에도 적게는 몇 통, 많게는 수십 통씩 전화와 메시지가 온다.

예전 같았으면 직접 만나서 이야기를 들어주고 조언했겠지만, 이제는 물리적으로 불가능하다. 150명의 고민을 혼자서 다 들어줄 수 없기 때문이다. 그런데 신기한 일이 벌어졌다.

작년 어느 날, 한 멤버가 단톡방에 메시지를 올렸다. 매출이 3개월째 정체돼서 너무 불안한데, 뭘 해야 할지 모르겠다는 고민이었다. 그래서 메시지에 답을 하려는데, 다른 멤버들이 먼저 움직였다.

"저희도 작년에 같은 고민을 했거든요. 커피 한잔해요. 제가 어떻게 극복했는지 말씀드릴게요."

"우리 제품이랑 시너지가 날 것 같은데, 한번 협업해볼까요?"

"우리 고객한테 소개해드릴게요. 매출에 도움이 될 거예요."

10분 만에 5명이나 손을 내밀었다. 나는 아무 말도 하지 않았다. 아니, 할 필요가 없었다. 이렇듯 공동체가 스스로 움직이기 시작했다.

2022년 코로나 때도 그랬다. 한 멤버가 위기에 처했다. 당장 직원들에게 월급 줄 돈이 없다며 도움을 청했다. 내가 입을 떼기도 전에, 몇 명이 즉시 도움을 제안했다.

"매출 발생 가능한 기업이 있어요. 그 기업 대표랑 같이 만나보시죠."

"투자자 소개해드릴게요."

"브리지론 필요하면 제가 개인적으로 도와드릴게요."

3개월 뒤, 그 회사는 위기를 넘겼고 지금도 성장하고 있다.

이렇듯 서울벤처포럼은 언제든 도움받을 수 있고, 언제든 서로 돕는 곳이 되었다. 감동적인 건 처음엔 다들 도움을 구하러 오지만, 시간이 지나면 "제가 도울 수 있는 게 있을까요?"로 바뀐다는 사실이다.

2년 전에 서울벤처포럼에서 많은 도움을 받아 고객도 소개받고, 첫 투자자도 연결받고, 힘들 때 위로받기도 한 사람이 있었는데, 언제부턴가 감사한 마음을 담아 돌려줄 수 있을 것 같다며 후배를 멘토링하기 시작했다. 비즈니스 모델도 잡아주고, 수익 모델도 챙겨주고, 투자자도 소개해주고, 고객도 연결해주고, 가끔은 밥도 사주면서 이야기를 들어준다. 또 다른 멤버는 채용을 돕는다. 자신의 회사에서 인턴십한 사람을 소개해주기도 하고, 내가 뉴욕주립대학교에서 가르쳤던 제자 한 명은 그 회사에 채용되기도 했다. 글로벌 진출을 돕는 멤버도 있다.

이제는 내가 일일이 간섭할 필요가 없다. 서울벤처포럼의 리더들이 함께 움직이고 있다. 참 감사한 일이다.


## 혼자가 아닌 우리가 만든 공간

—

그러고 보니 벌써 6년이나 되었다. 돌아보면 참 많은 일이 있었다. 멤버 중에는 사업이 어려워져서 폐업을 한 곳도 있지만, 매출이 6조 원이 넘는 대기업도 있고, TIPS 투자를 받은 기업이 해마다 느는 것도 자랑스러운 일이다. 그러나 이런 수치상의 업적보다도 멤버들이 지닌 따스한 마음이 더 자랑스럽다.

솔직히 말하자면, 아직 완벽한 공동체가 되었다고는 볼 수 없다. 150명의 멤버 모두가 적극적인 건 아니다. 어떤 사람은 1년에 한두 번 올까 말까 한다. 어떤 사람은 도움만 받고 돌려주지 않는다. 공동체 의식이 약한 것이다.

그래도 시간이 지나면 달라지리라 믿는다. 공동체의 힘을 경험한 사람은 공동체를 절대 떠나려 하지 않는다. 위기에서 공동체의 도움을 받은 사람, 진심으로 연결된 경험을 해본 사람, 혼자가 아니라는 걸 느낀 사람은 공동체를 지킨다. 그리고 다른 사람을 돕는다.

이런 공간에서는 오히려 자기 자신을 객관적으로 바라보게 된다. 혼자 있으면 자신이 무엇을 잘하는지, 못하는지 알기 어렵다. 무작정 열심히 할 뿐이다. 그러다 보면 이게 맞나 싶어서 불안해진다. 그런데 공동체에 속하면 다른 사람들의 이야기를 들으면서 자신이 무엇을 잘하고 못하는지, 어떤 면이 부족한지가 명확히 보인다. 공동체가 나를 비춰주는 거울이 된다.

혼자서는 자기 자신을 들여다보기도 힘들고 비춰볼 대상이 없지만, 다른 사람들과 함께 있으면 그에 비춰 내가 보인다. 강점뿐 아니라 약점과 가능성도 상대를 통해 분명해진다.

게다가 대표라는 입장 때문에 누구에게도 고민을 털어놓지 못하거나, 괜찮은 척해야 할 때가 많다. 가족은 걱정할까 봐 잘 되는 척하고, 마찬가지로 창업한 친구가 아니라면 아무리 친해도 이해하지 못한다. 그래서 고민이 있어도 혼자 끙끙 앓는다.

한 멤버는 이렇게 말했다.

"포럼에 오기 전에는 제가 세상에서 가장 힘든 줄 알았어요. 그런데 여기 와보니까 다들 비슷하더라고요. 다들 힘들고, 다들 고민하고, 다들 불안해하고. 왠지 모르게 위로가 됐어요."

이런 위로, 나뿐만이 아니라는 인식은 공동체가 주는 가장 큰 선물이다.

## 직장인들이여, 공동체를 찾아라

—

많은 직장인이 회사에서 좋은 동료를 만난다. 함께 야근하며 프로젝트를 완성하고, 팀 회식에서 진솔한 대화를 나누고, 때로는 퇴근 후 맥주 한잔하며 고민을 털어놓기도 한다. 이런 관계는 소중하다. 실제로 어떤 회사들은 아메바 경영처럼 진정한 공동체를 만들기 위해 노력한다. 구성원들이 서로 진심으로 지지하고, 함께 성장하는 문화를 만들기 위해 애쓴다. 그런 회사에서 일하는 것은 축복이다. 좋은 동료와 함께 성장하고, 서로를 응원하며, 일터가 삶의 의미 있는 부분이 되는 것은 분명 가치 있는 일이다.

그런데 회사만으로 충분한가? 회사 안에서 맺은 관계는 대부분 회사라는 맥락에서만 작동한다. 퇴사 후에도 연락을 주고받는 사람은 생각보다 많지 않다. 추천인을 부탁할 만큼 깊은 관계는 더더욱 없다.

회사는 좋은 공동체일 수 있지만, 그것이 유일한 공동체여서는 안 된다. 그 이유는 다음과 같다.

첫째, 회사에서의 관계는 언젠가 끝난다. 이직하거나, 퇴사하거나, 구조조정을 당하기 쉽다. 평생 한 직장에만 다니던 시대는 지났다.

둘째, 회사에서의 관계는 역할에 묶여 있다. 나는 팀장이고 당신은 팀원이라면, 이 역할이 우리의 관계를 규정한다. 순수한 자신으로 만나기 어렵다.

셋째, 회사에서는 약한 모습을 보이기 어렵다. 방향성을 잃었다거나, 이 일이 의미 있는지 모르겠다는 말을 상사나 동료에게 하기는 쉽지 않다.

그래서 회사 밖의 공동체가 필요한 것이다.

그러면 어디로 가야 할까? 찐친구들이 있는 곳으로 가면 된다. 대학 동문회도 좋다. 동창회도 좋다. 단, 술만 마시고 옛 추억만 나눌 게 아니라 진짜 고민을 나눌 수 있는 모임이어야 한다. 동호회라도 취미만 공유하는 게 아니라 삶을 나눌 수 있어야 한다. 스터디 모임도 함께 배우고, 성장하고, 서로 피드백을 주는 곳이라면 괜찮다.

중요한 건 진심이다. 형식적으로 만나는 게 아니라, 진심으로 연결되어야 한다. 성공을 자랑하는 게 아니라 실패와 고민을 나눌 수 있어야 한다. 비즈니스 미팅이 아니라 삶을 나누어야 한다. 그런 곳이 하나만 있어도 인생이 달라진다.

회사에서 좋은 동료를 만나는 것도 좋다. 하루의 절반은 보내는 회사에서 좋은 사람들과 더불어 지내는 건 삶의 질을 좌우할 만큼 중요한 일이다. 그러나 회사 밖에서 나를 지지해주는 사람들도 필요하다. 직급이 어떻든, 어느 회사에 다니든, 심지어 회사를 다니지 않아도 변함없이 나를 응원하는 사람이 있어야 한다.

나무가 깊이 뿌리 내리려면 여러 방향으로 뿌리가 자라야 한다. 한 방향으로만 뿌리를 내리면 바람에 쉽게 쓰러진다. 사람도 마찬가지다. 이렇게 안팎으로 좋은 사람들이 있을 때 주식회사 나는 단단해진다.

## 공동체가 사람을 살린다
—

작년에 어느 대기업 과장이 서울벤처포럼을 찾아왔다. 창업가가 아닌데 포럼에 왔고, 처음엔 자신을 제외한 모두가 창업가여서 어색해했다. 그런데 3개월이 지나자 달라졌다.

"여기 오면 숨통이 트여요. 회사에선 항상 긴장하고 있었는데, 여기선 제 자신이 될 수 있어요."

1년 뒤, 그는 회사를 그만뒀다. 창업은 하지 않았지만, 다른 회사로 이직했다. 그러면서 그는 포럼에 감사해했다.

"포럼이 없었으면 그만두지 못했을 거예요. 여기서 용기를 얻었어요. 그리고 여기 사람들이 제 레퍼런스가 돼줬어요."

그는 예전 회사와 맞지 않았다. 결국 새 회사로 옮기면서 숨통이 트였다. 이렇듯, 내가 위기일 때 당신이 도와주고, 당신이 위기일 때 내가 도와줄 수 있는 공동체가 필요하다. 내가 성공하면 당신에게 기회를 주고, 당신이 성공하면 나에게 기회를 주면 된다. 서울벤처포럼이 6년 동안 유지되고, 앞으로도 계속될 이유다.

대학생 한 명이 서울벤처포럼에 두어 번 참여하더니 내게 물었다.

"저도 서울벤처포럼 같은 걸 만들고 싶은데 어떻게 해야 해요?"

"쉽습니다. 3가지만 기억하세요. 첫째, 언제든 찾아올 수 있는 곳을 만드세요. 형식적인 모임 말고, 힘들 때 찾아올 수 있어야 해요. 둘째, 비즈니스뿐 아니라 삶을 나눌 수 있는 곳으로 만드세요. 자랑이 아니라 실패와 고민을 털어놓을 수 있어야 하죠. 셋째, 도움받은 사람이 돌려주는 문화를 만드세요. 받기만 하는 게 아니라 주기도 하는 곳, 나도 살고 너도 사는 구조, 서로 고마워하고 진심으로 응원하는 분위기요. 이것만 지키면 공동체는 저절로 자랍니다. 그리고 리더들이 움직이기 시작할 겁니다. 그러면 혼자 다 하지 않아도 돼요."

실패해도 괜찮다고 말해주는 사람들이 있다는 것, 힘들 때 찾아갈 곳이 있다는 것, 모르는 것을 물어보고 답답한 마음을 나눌 사람들이 있다는 것이 공동체의 힘이 아닐까 싶다.

당신에게도 그런 곳이 있는가? 없다면, 찾아보고 참여하거나 직접 만들어보라. 있다면, 기쁨으로 참여하고 끝까지 함께해보라. 혼자 잘 사는 삶도 좋지만 함께 잘 사는 삶에서 의미와 재미, 머니를 찾자.



## 내가 속한 공동체를 확인하는 질문

★ 지금 내가 속한 공동체는 어디인가? 비즈니스 명함을 교환하는 자리가 아니라, 실패와 고민을 진심으로 털어놓을 수 있는 곳이 있는가? 없다면 왜 없는가?

★ 나는 공동체에서 받기만 하는가, 돌려주고 있는가? 내가 받은 도움을 누군가에게 돌려줄 수 있는 것이 있다면 무엇인가?

★ 공동체가 나를 비춰주는 거울이 된 적이 있는가? 다른 사람의 이야기를 통해 내 강점이나 약점, 혹은 가능성을 새롭게 발견한 경험이 있는가?

★ 회사 밖에서 직급과 역할을 떠나 순수하게 나 자신으로 만날 수 있는 사람들이 있는가? 그 관계는 지금도 살아 있는가, 아니면 이미 형식만 남았는가?

## 13

### 지역에서 다시 숨 쉬는 회사

#### 주식회사 '나'를 확장하기

—

당신이 좋은 철학을 가지고 있다면? 확장하고 싶을 것이다. 당신이 좋은 솔루션을 만들었다면? 더 많은 사람에게 전하고 싶을 것이다.

주식회사 나를 설립하고 나다움을 발견해 나답게 경영했다면, 이제는 확장할 때다. 혼자에서 공동체로, 서울에서 지역으로, 지역에서 글로벌로 더 넓혀가야 한다.

2017년, 나는 송도의 한국뉴욕주립대학교에서 청년들을 가르쳤다. 청년들은 창업하고 싶은데 어디서부터 시작해야 할지 모르겠다며 답답해했다. 투자자를 어디서 만나야 하는지, 자신이 만든 사업계획서가 어떤지 물어볼 데가 없었다. 이들에게는 물어볼 사람이 없었다.

회사에 가면 선배가 있어서 물어보면 알려준다. 그런데 스타트업을 하면 선배가 없다. 선배가 있어도 제대로 알려주는 사람은 많지 않아서 혼자 일일이 부딪혀가며 배워야 한다.

어떤 친구는 창업을 해서 투자 제안이 들어왔는데, 계약서에 서명을 해도 되는지 훑어봐줄 선배가 없다며 들고 왔다. 회사 지분의 30%를 투자자가 가져가게 돼 있어서, 자칫 일만 하고 회사는 남의 것이 되는 셈이었다. 주변에 물어볼 사람이 없어서 큰 낭패를 볼 뻔했다.

강의실 밖에서도 비슷한 청년들을 만났다. 스타트업 멘토링을 하면서 만난 대표들도 막막한데 물어볼 데가 없어 헤매고 있었다.

"첫 직원을 뽑았는데 어떻게 관리해야 할지 모르겠어요."

"투자를 받았는데 돈을 어떻게 써야 할지 막막해요."

"경쟁사가 똑같은 제품을 내놨어요. 어떻게 해야 하죠?"

이들은 물어볼 선배가 없어서 혼자 고민해야 한다. 전전긍긍하며 결정하지만, 잘 몰라서 실수하고 후회한다.

한 대표가 말했다.

"대기업에 다닐 때는 몰랐어요. 모르는 게 있으면 팀장님께 물어보면 됐으니까. 그런데 창업하고 나니 제가 대표잖아요. 궁금한 게 생기면 물어볼 사람이 아무도 없어요. 밤에 잠을 못 자요. 내가 내린 결정이 맞는지, 회사를 망치는 건 아닌지 싶어서요.”

이 말을 듣는 순간, 이들에게 필요한 건 돈보다도 공동체임을 깨달았다.


## 케이레츠 포럼과의 만남

—

2017년 가을, 서울에서 케이레츠 포럼(Keiretsu Forum)의 정남호 서울 챕터 리더를 처음 만났다. 실리콘밸리에 엔젤투자자들이 모여 있는 커뮤니티가 있다는 이야기는 들었지만 국내에도 있는지는 처음 알았다. 케이레츠 포럼은 2000년에 랜디 윌리엄스가 샌프란시스코에서 시작한 엔젤투자자 커뮤니티다.

그날 저녁, 약 30명의 투자자들이 한곳에 모여 있었다. 5개 스타트업이 15분씩 피칭했다. 피칭이 끝나자 투자자들이 질문했다.

“고객 획득 비용이 너무 높은 것 같은데요. 어떻게 낮출 계획이신가요?”

"경쟁사 대비 차별점이 명확하지 않아요."

"제가 작년에 비슷한 회사에 투자했는데 실패했어요. 그때 배운 게……."

이렇듯, 투자자들이 스타트업에 조언하고, 함께 고민하고, 투자 결정을 함께 내렸다.

그들의 철학이 매력적이었다. 혼자 판단하면 실수한다. 함께 생각하고, 함께 배우고, 함께 투자하면 더 나은 결정을 내릴 수 있다는 것이었다. 나는 그 자리에서 내가 원하는 것을 정확히 깨달았다.

케이레츠 포럼은 한 도시에서 검증하고, 다른 도시로 확장하고, 전 세계로 확산됐다. 공동체의 힘을 믿고, 그 공동체를 확장한 것이다. 나는 한국에서 이런 공동체를 만들어야겠다고 결심하고 2021년 서울벤처포럼을 시작했다. 내가 멘토링했던 청년 창업자들과 함께 일했던 투자자들, 믿을 만한 선배 기업가들을 불렀다. 매달 만나서 배우고 연결되자고, 혼자 고민하지 말고 함께 고민하자고 손을 내밀었다.

처음엔 조심스러웠다. 과연 그 바쁜 사람들이 매달 시간을 낼 수 있을까 싶었다. 그런데 그들은 매달 꾸준히 참석했다. 그렇게 매달 만나 배우고 성장한다. 그리고 서로 연결한다.

이곳에서 배운 청년 창업자들이 회사를 키웠다. 꽤 많은 기업

케이레츠 포럼은 2000년 1개 챕터로 시작하여, 2024년 현재 전 세계 55개 이상의 챕터가 있으며, 3,000명 이상의 투자자, 1,100개 이상 기업에 10억 달러 이상 투자하고 있다.

이 투자를 받았고 성장하기 시작했다. 그리고 후배 사업가를 돕는 데 동참한다.

아직 한참 부족하지만 이 커뮤니티 모델은 조금씩 검증되고 있다.

## 임팩트 커뮤니티 빌더로의 확장

—

기업을 바꾸는 건 시스템이 아니라 사람이다. 그러므로 리더가 바뀌면 조직이 바뀐다. 그리고 리더는 혼자 성장하지 않는다. 공동체 안에서 성장한다.

그래서 나와 함께 하는 사람들, 지역사회에 작지만 선한 영향력을 끼칠 수 있는 임팩트 커뮤니티 빌더(Impact Community Builder)의 삶을 살기로 마음먹었다. 확장된 나의 역할은 공동체를 만들고, 그 안에서 다음 세대 리더를 키우며, 그들이 또 다른 임팩트 커뮤니티 빌더가 되게 하는 것이다. 그렇게 공동체가 확산되게 한다.

그리고 제자들에게도 같은 길을 보여주고 싶었다. 공동체를 만들어가는 사람이 되길, 혼자 성공하지 말고 함께 성장하는 사람이 되길 바랐다. 그래서 나는 강의나 강연을 하는 곳에서는 어디에서든 공동체를 만드는 삶을 살자고 주장한다. 기업을 만들고 그 기업의 대표가 되는 것은 경제 공동체를 만드는 셈이다. 이렇듯 커뮤니티를 만들고 그 안에서 사람을 키우면, 그것이 큰 임팩트를 일으킨다.

하지만 나는 여기서 멈추고 싶지 않았다. 케이레츠 포럼이 샌프란시스코에서 55개 도시로 확장했듯이 나는 이 공동체를 서울에서 지역으로, 글로벌로 확장하고 싶었다. 서울의 청년들만 성장할 게 아니라, 지역의 청년들도, 아시아의 청년들도 성장해야 한다고 생각하기 때문이다.

신영복 선생은 "혁신은 중심에서 일어나지 않는다. 변방에서 일어난다"라고 했다. 실리콘밸리도 1970년대엔 변방이었다. 하지만 변방의 차고에서 애플이 탄생했다. 몬드라곤도 스페인 바스크에 있는 인구 2만 명의 산골 마을에 세워진 작은 기술학교였다. 졸업생 5명이 작은 난로 공장을 협동조합으로 만들었고, 그 후로 더 많은 협동조합이 생기고 은행을 만들고 대학을 세웠다. 그 결과 2024년 현재 연 매출 120억 유로(약 17조 원) 규모로 발전했다. 산골 마을에서 지역으로, 지역에서 글로벌로 뻗어나간 훌륭한 예다.

그래서 나는 2018년, 후배 정용근 대표와 담양 월평리로 갔다. 광주에서 차로 40분 걸리는 곳이었는데, 35가구 중 28가구가 폐가이고, 71세 할아버지가 마을 청년회장인 작고 쇠락한 마을이었다. 후배가 이곳의 폐가를 고쳐서 게스트하우스로 만들겠다고 했다. 직접 가서 보니 가능성이 없어 보였다. 그런 만큼 오히려 이곳을 변화시키면 무엇인가 새로운 일, 의미 있는 일이 시작될 것 같았다.

'이 임팩트 비즈니스 모델은 너무 재밌을 것 같은데?'

담양군 월평리의 노리터 프로젝트

이런 나의 속마음을 후배는 알고 있었던 듯하다. 비즈니스 모델을 설계하고 수익 모델을 디자인했다. 그리고 이곳을 실리콘밸리처럼 시골 마을에서 시작하는 쉼터, 놀이터, 꿈터로 만들기로 했다. 그렇게 노리터(NORITER) 프로젝트는 시작됐다.

자본도, 인프라도, 심지어 청년마저, 정말 아무것도 없었다. 있는 것이라곤 빈집, 대나무 그리고 실낱같은 가능성뿐이었다. 처음부터 폐가 3채를 리모델링한 것은 아니고, 한 채씩 해볼 작정이었다. 정 대표는 그 마을의 주민으로 아예 이적했고, 주말



주식회사 이주열

에는 그곳에서 살다시피 했다.

그렇게 한 채가 성공하자 마을 어르신들이 또 다른 집을, 그리고 또 다른 집을 소개해주셨다. 후배는 마을 어른들의 마음을 얻었고, 지금도 거기서 살고 있다.

올해 78세가 되신 청년회장님이 하신 말씀이 기억에 남는다.

"청년들이 오니까 마을이 살아. 이게 희망이더라고."

한편 천안·아산은 서울에서 KTX 30분 거리에 있어서 대학이 많고, 제조업을 기반으로 한다. 이곳에서 나는 2가지 문제를 발견했다.

우선, 청년 창업가들이 고립되어 있었다. 서울벤처포럼의 청년들은 매달 만나서 배우고 성장한다. 하지만 서울에서 떨어진 지역의 청년 창업자들은 혼자 고민하고 결정하며 실패한다. 서울까지는 오가는 데 시간이 걸려 자주 왔다 갔다 할 수 없고, 지역에는 공동체가 없다.

지역 2세 CEO들은 정체로 인해 고민하고 있었다. 천안·아산 산업단지에는 1980~1990년대에 창업한 1세대 회사들이 있었다. 그로부터 30~40년이 지나 1세대는 은퇴를 앞두고, 그 자녀들이 그 회사를 승계받고 있다. 그런데 문제가 생겼다.

2세 CEO들을 만나보니 1세대가 여전히 1990년대 방식으로 경영해서 매출이 10년째 정체라 고민이라고 했다. 이대로 가면

20년 후엔 회사가 사라질 것 같아 변화하고 싶지만 오픈이노베이션은 어떻게 하는지 모르겠고, 지역에 있다 보니 정보도 없고 네트워크도 없다. 게다가 아버지의 사업을 물려받기보다는 자기 사업을 하고 싶다는 2세들도 있었다. 무엇보다 이런 고민을 털어놓을 사람도 없었다.

이때 케이레츠 포럼의 전략을 떠올렸다. 한 도시에서 검증된 모델을 다른 도시로 확장하는 것이다. 검증된 모델이니 각 지역에 맞게 변형해서 적용하면 될 일이었다. 충청스타트업벤처포럼과 오픈이노베이션포럼을 해법으로 내놓았다.

충청스타트업벤처포럼은 서울벤처포럼을 모델로 하여 만들

충청스타트업벤처포럼

　　　　　　　　　　　　　　　주식회사 이주열

었다. 2024년 시작했는데, 청년 창업자, 투자자, 멘토가 정기적으로 만나 배우고 연결되며 성장한다. 그리고 서울벤처포럼과 연결해서, 서울의 투자자와 멘토가 정기적으로 천안에서 모인다.

공동체로 성장하기에는 아직 갈 길이 멀지만, 이제 시작했으니 열심히 해보려 한다. 이제 충청의 청년 창업자들도 고립되지 않기를 바란다.

## 오픈이노베이션포럼

—

오픈이노베이션포럼은 지역 산업단지의 CEO들과 2세 경영자들을 위한 공동체로, 이들의 가장 큰 문제는 정보도 없고 혼자 고민한다는 점이었다. 그래서 공동체 안에서 함께 고민하고, 서울의 전문가들이 정기적으로 방문해서 최신 정보를 공유하며, 오픈이노베이션 사례를 학습하고, 서울과 네트워크를 연결하기로 했다.

이렇듯 오픈이노베이션 전략은 여러 문제를 풀어내는 하나의 해법이었다. 천안·아산에서 나는 세 부류의 사람들을 만났다.

첫 번째는 대기업 협력사 대표로 삼성디스플레이에 부품을 납품하는 회사였다.

"고객사가 요구하는 기술 수준이 점점 높아져요. AI 기반 불량 검사, IoT 실시간 모니터링 등등. 그런데 우리 회사엔 그런 걸 개발할 R&D 인력도 없고, 자본도 없어요. 지금 하던 방식으로만 하다간 곧 납품 계약이 끊길 것 같아요."

두 번째는 스타트업 대표로 AI 비전 검사 기술을 개발하는 회사였다. 기술은 좋은데 고객이 없었다. 대기업은 관심도 없고, 중소기업은 알지도 못한다. 기술은 있는데 팔 데가 없어서 고민한다.

세 번째는 대학생으로, 컴퓨터공학과를 졸업할 예정이었다. 취업하고 싶은데 지역엔 일자리가 없고, 삼성, LG 협력사는 전통 제조업이라 학생이 배운 AI, 소프트웨어를 개발하지 않았다. 지방에서는 일자리를 구할 수 없어 서울로 가는 수밖에 없었다.

곰곰이 생각해보니 세 개의 문제를 한 방에 해결할 수 있을 것 같았다. 이걸 연결하면 되지 않을까? 협력사는 신기술이 필요하고, 스타트업은 기술이 있다. 스타트업은 고객이 필요하니, 협력사가 고객이 될 수 있다. 대학생은 일자리가 필요하고, 스타트업은 인재를 필요로 한다.

오픈이노베이션포럼 두 번째 모임에서 나는 세 사람을 같은 테이블에 앉혔고, 그들은 서로서로 연결되었다. 그로부터 3개

　　　　　　　　　　　　　　　　　　　　주식회사 이주열

월 후, 협력사는 AI 불량 검사 시스템을 도입하면서 불량률이 70%나 줄었다. 스타트업은 첫 고객을 확보하면서 매출이 생겼고, 다른 협력사에서 관심을 보이기 시작했다. 대학생은 서울에 가지 않고도 정직원으로 취업했다.

"20년 동안 혼자 고민했어요. 어떻게 혁신하지? 근데 답은 바로 옆에 있었네요. 연결만 하면 되는 거였어요."

이게 바로 오픈이노베이션이다. 필요한 사람과 가진 사람을 연결하면, 문제가 해결된다. 이제 지역 산업단지에 있는 CEO들은 매달 만나서 오픈이노베이션 사례를 배우고, 서울의 스타트업 및 투자자와 연결해서 함께 고민하고 해법을 찾고 있다. 이는 성장이 정체된 회사를 리빌딩하는 작업인 동시에 지역 경제를 살릴 것으로 기대된다.

주식회사 '나'의 CEO인 당신의 확장 전략은 무엇인가?

당신의 제품은 무엇인가? 당신의 철학과 솔루션은? 전문성은? 당신의 시장은 어디인가? 다음에는 어디로 확장하고 싶은가? 당신의 전략은 무엇인가? 혼자서 할 것인가, 공동체를 이룰 것인가? 한곳에서 머물 것인가, 여러 곳으로 확장할 것인가?

## 오픈이노베이션 전략을 위한 질문

★ 주변에 혼자 고민하는 사람이 있는가? 그들을 연결할 공동체를 만들 수 있는가?

★ 당신은 지금 고립되어 있는가, 공동체 안에 있는가? 혼자 고민하고 있다면, 어떤 공동체와 연결되어야 하는가?

★ 확장 로드맵을 그려보라. 어디서 시작하고, 어디로 확장하며, 최종 목적지는 어디인가?



주식회사 이주열

**14**

:

# 단단한 개인이 국가를 만든다

## 〈알쓸신잡〉이 재밌는 진짜 이유

—

tvN의 예능 프로그램 〈알쓸신잡〉은 물리학자 김상욱, 소설가 김영하, 경제학자 유시민, 건축가 유현준, 뇌과학자 정재승 등 다양한 분야의 전문가들이 한자리에 모여 한 도시를 여행하고 한 가지 테마를 정해 이야기를 나눈다.

예를 들어 '부산의 역사'를 놓고도 각자 다르게 해석한다. 물리학자는 파도의 역학, 항구의 구조와 해설하며 부산항의 물리학을 본다. 작가는 부산을 배경으로 한 피란 시절과 그 시절 사람들의 삶을 담은 소설과 문학을 이야기한다. 경제학자는 무역항의 발전과 산업의 변천을 통해 부산의 경제사를 설명한다. 건축가는 일제강점기의 건물과 현대 건축을 통해 부산의 건축물을 이야기한다.

똑같은 부산인데, 완전히 다른 이야기가 나온다. 그 순간, 스파크가 튄다.

"아, 그렇게 볼 수도 있군요!"

"그 관점은 생각 못 해봤는데요!"

부산이라는 도시의 본질은 같지만, 분야와 관점에 따라 해석이 달라진다. 그 다양성이 시너지를 만든다. 그리고 그 모습이 감동을 준다. 이야기를 나누는 전문가들은 각자 주식회사 '나'를 멋지게 경영하고 있기 때문이다.

만약 이들이 모두 똑같은 전문 분야를 공부했다면, 혹은 같은 직업을 가졌다면 어땠을까? 아마도 지루했을 것이다. 다양성이 없으면 시너지가 없다. 획일화된 사람들의 모임은 지루하다. 똑같은 생각, 똑같은 해석, 똑같은 이야기는 울림을 주지 못한다. 그리고 그 다양성이 국가를 만든다.

국가는 일정한 영토와 국민, 주권을 가진 정치 조직이라는 사전적 정의가 있지만, 사실 국가는 개인의 집합이다. 대한민국만 해도 인구 6천만 명이니 주식회사가 6천만 개가 있는 셈이다. 각각의 주식회사가 모여 대한민국을 이룬다.

만약 획일화된 개인들이 모여 국가를 이룬다고 상상해보라.

6천만 명이 모두 똑같은 생각을 하고, 똑같은 꿈을 꾸고, 똑같은 길을 간다면? 예를 들어, 모두 의사가 되려고 한다면 어떨까? 모두 의대에 가려고 할 테고, 이왕이면 서울대 의대를 목표로 할 것이다. 그러면 누가 작가가 되고, 물리학자가 되고, 건축가가 될 것인가?

한편으로는 이것이 지금 한국의 모습인 것도 같다. 모두 돈 잘 버는 의대나 로스쿨, 대기업이나 안정적인 공무원만 지원한다. 이는 외부 기준으로 사는 사람들의 집합이며, 자신이 무엇을 원하는지도 알지 못하는 위탁 경영 체제하의 모습일 것이다.

만약 획일화된 6천만 명 모여 국가를 이루면 그 나라는 쉽게 무너진다. 외부 환경이 바뀌면 쉽게 흔들리고 무너질 것이다.

그 반대로, 6천만 명이 각자 다른 생각을 하고, 다른 꿈을 꾸고, 나다운 길을 간다면? 누군가는 의사가 되고, 작가가 되고, 물리학자가 된다. 누군가는 게스트하우스를 운영하고, 세차장을 연다. 이렇게 각자 주식회사 나를 멋지게 경영한다. 이런 사람들 6천만 명이 모이면 단단해서 쉽게 무너지지 않는다. 외부 환경이 바뀌어도 각자 나다운 방식으로 적응할 테니 말이다.

## 나답게 사는 개인이 모이면 국가가 바뀐다

—

생태계의 경우에도 다양성이 높아야 살아남는다. 아마존 열대우림에는 수만 종의 식물과 동물이 살고 있다. 그중 한 종이 사라져도 생태계는 유지된다. 다른 종이 그 역할을 대신하기 때문이다. 그러나 다양성이 부족한 생태계는 약하다. 옥수수만 심는 밭에 병충해가 오면 그 밭의 옥수수는 다 죽는다. 모두 똑같기 때문이다. 입시 경쟁, 획일화된 교육, 똑같은 목표를 향해가는 대한민국은 과연 다양성이 높은가, 낮은가?

한 사람만이라도 나답게 살기 시작하면, 그 사람이 속한 그룹이, 지역이 영향을 받는다. 나다움을 찾는 선배를 보고 그렇게 살아야겠다고 본받는 후배가 생긴다. 자신이 좋아하는 일을 찾아가는 친구를 보면 뒤늦게나마 자신이 좋아하는 길을 찾겠다는 마음을 먹는다. 개인에서 주변 사람, 조직, 지역, 사회를 넘어 국가로까지 변화의 영향력이 퍼져나간다.

한 사람이 돌을 던지면 물결이 일어나고, 열 사람이 돌을 던지면 물결이 교차하며 더 큰 파도를 만들 것이다. 그렇다면 천 사람이, 사람이 돌을 던지면 어떻게 될까?

이렇듯 나답게 사는 개인들이 모이면 국가가 바뀐다.

## 모두가 CEO인 사회

—

6천만 국민이 모두 주식회사 '나'의 CEO다. 그들 각자가 나다움을 찾고, 자신의 기업을 나답게 경영한다. 각자가 나다운 제품이나 서비스를 만든다.

한마디로 〈알쓸신잡〉 같은 사회가 될 것이다. 물리학자는 물리학자답게, 작가는 작가답게, 경제학자는 경제학자답게, 건축가는 건축가답게, 세차장 사장은 세차장 사장답게, 게스트하우스 운영자는 게스트하우스 운영자답게 살아가고, 나름의 영향력을 전할 것이다. 각자 자신의 일을 사랑하고, 이야기를 나누고, 연결된다.

그때 스파크가 튀고, 각각이 지닌 다양성이 시너지를 만든다. 이런 사회는 외부 충격이 와도 무너지지 않는 단단한 사회가 된다. 각자가 나답게 적응하기 때문에, AI로 인한 사회의 변화에도, 경제위기가 와도, 기후변화가 닥쳐도, 각자 나다운 방식으로 해결책을 찾는다.

그런데 한국의 교육 시스템은 다양성을 죽이는 방향으로 발전했다. 모두 똑같은 교과서로 공부하고, 똑같은 시험을 보고, 똑같은 기준으로 평가받는다. 그리고 똑같은 목표를 향해 달린다. 사회, 부모, 학교라는 외부 기준이 정한 대로 똑같은 목표로 나아간다. 그래서 경영권을 위탁한 채로 살아간다.

다양성이 없으면 삶의 재미도 없고, 시너지도 없고, 혁신도 없다. 누구나 똑같은 생각을 할 필요도, 똑같이 해석하고 이야기할 필요도 없다. 각자 나답게 생각하고, 나답게 해석하고, 나답게 이야기하면 된다. 그게 다양성이다.

그러니 이제는 질문을 바꿔보자.

- "성공이 뭔가요?" → **"나다움이 뭔가요?"**
- "어떻게 하면 성공할까요?" → **"어떻게 하면 나답게 살까요?"**
- "남들이 인정하는 삶을 살아야 하나요?"
→ **"내가 의미 있다고 생각하는 삶을 살아야 하나요?"**

이렇게 바뀌면 6천만 명이 각자 나답게 산다. 누군가는 의사가, 누군가는 작가가, 누군가는 물리학자가 된다. 나다우니까. 각자 주식회사 나의 CEO로서 나답게 경영한다.

그러면 대한민국은 다양한 사람들이 각자의 관점으로 이야기하고, 시너지를 내고, 스파크가 터지고, 감동이 가득한 나라가 될 것이다.



주식회사 이주열

## 단단해지기 위해 나다움을 찾는 질문

★ 당신은 지금 획일화된 개인인가, 나다운 개인인가? 모두가 한다는 이유로 선택한 것이 있는가? 그것을 나답게 바꿀 수 있는가?

★ 당신이 나답게 살기 시작하면, 주변에서 가장 먼저 바뀔 것은 무엇인가? 가족? 동료? 친구? 지역? 구체적으로 상상해보라.

★ 만약 대한민국 6천만 명이 모두 나답게 산다면, 어떤 나라가 될까? 그 나라에서 당신은 무엇을 하고 있을까? 그 미래를 그려보라.

# 15

# 퍼스널 브랜드 계승 전략

## 삶을 브랜드로 남기는 기술

—

당신이 사라진 후, 무엇이 남을까? 돈이나 집과 같은 물질은 소비되고 사라진다. 결국 남는 것은 브랜드다. 어떻게 살았는지, 어떤 가치를 지켰는지를 드러내는 브랜드가 당신이 없어도 살아남는다.

첫째, 당신의 삶을 한 단어로 표현하라. 열심히, 성실하게 등 흔한 말 말고, 나만의 정체성을 표현할 키워드를 추출해내야 한다.

스티브 잡스: Think Different
하워드 슐츠: Third Place



주식회사 이주열

워런 버핏: Value Investing

이주열: Impact Community Builder

당신의 키워드는 무엇인가? 평생 추구하는 가치를 한 단어, 한 문장으로 압축해서 명함, SNS, 이메일에 새겨라. 계속 반복하며 주변인들에게 각인시켜야 한다. 10년 후, 사람들이 당신을 한 단어로 기억하게 만들어라.

둘째, 아카이빙하라. 평생 추구하는 가치를 표현할 키워드를 한 단어나 문장으로 뽑아내는 일은 쉽지 않다. 이때 그동안 해둔 아카이빙이 힘을 발휘한다. 자신이 살아온 삶을 데이터베이스로 만들면 언제든 찾아보고 참고할 수도 있고, 무엇을 바꿔야 할지 반성하기도 쉽다.

그런데 아카이빙한답시고 SNS 포스팅으로 올리는 건 의미가 없다. 일주일이면 묻히기 때문이다. 브랜드는 역사(Heritage)이므로, 나라는 브랜드의 아카이빙은 역사를 정리하듯 해야 한다. 일어난 사건을 시간순으로 정리해서 타임라인을 만들고, 숫자로 증명한다. 관련된 사진과 영상으로 증거를 남기되, 성공의 기록만이 아니라 실패도 기록한다. 그런 정직함이 브랜드의 신뢰도를 높인다. 그래서 10년 후 당신을 검색했을 때, 체계적으로 정리되어 있어야 한다.

셋째, 기억에 남는 시그니처를 만들어라.

스티브 잡스 하면 검은 터틀넥과 청바지가 떠오르고, 하워드 슐츠 하면 커피를 들고 직원과 대화를 나누는 모습이 떠오를 것이다. 이렇듯 자신만의 시그니처를 만들어야 한다. 옷차림이나 색깔 등 시각적 상징도 좋고, 일정한 시간 간격을 두고 반복하는 행동이나 의식도 괜찮다. 말버릇처럼 자주 쓰는 문장도 좋다. 추상적인 삶을 구체적인 이미지로 고착화하라.

## 삶을 교육과 콘텐츠로 남기는 기술

—

예수님은 12제자를 키웠고, 공자는 72명의 제자를 가르쳤다. 두 사람은 책을 써서 자신들의 철학과 믿음을 남기지 않았다. 그런데 그들이 죽은 후에도 기독교와 유교는 2,000년 넘게 살아 있다. 그 제자들이 스승의 철학을 입에서 입으로, 책을 써서 전했기 때문이다. 이렇듯, 암묵지를 형식지로 만들어야 한다. 암묵지란 설명하기 어려운 감각 혹은 지식이고, 형식지는 누구나 배울 수 있는 매뉴얼과 같다.

내 경우에도 컨설팅을 24년이나 했지만, 처음엔 암묵지였다. 왜 이 회사는 성장하고 저 회사는 정체되는지 명확히 설명하기

　　　　　　　　　　　　　　　**주식회사 이주열**

가 어려웠다. 그래서 형식지로 만들었다. 앞에서 살펴본 Like & Excellence Matrix를 활용하여 나만이 할 수 있는 일, 나만 아는 지식과 경험을 체크리스트, 프로세스, 프레임워크로 만들어야 한다.

그리고 커뮤니티를 형성하고 제자를 양성해서 나를 대체할 리더를 길러내야 한다. 제자를 양성하는 나만의 원칙이 3가지 있다.

첫째, 가르침을 청하거나 가르치는 모든 사람이 아니라 핵심 제자 몇 명만 집중해서 양성한다. 둘째, 강의실뿐만 아니라 함께 일하고, 고민하고, 실수하고, 배우며 함께한다. 셋째, 내가 떠난 후, 그들이 나를 대체하도록 다음 리더로 내세운다. 내가 없어도 회사가 돌아갈 수 있어야 하고, 서울벤처포럼이나 청년자기다움학교도 내가 없어도 돌아가야 한다.

무엇보다 콘텐츠를 시스템화하여 24시간 전파할 수 있어야 한다. 개인이 하루 24시간이라는 정해진 시간 동안 일일이 콘텐츠를 알리고 다닐 수는 없다. 책은 24시간 나를 대신해서 말하고, 강연 영상은 내가 없어도 가르친다. 블로그는 내가 자는 동안 누군가에게 읽힌다. 핵심은 내가 없어도 콘텐츠는 끊임없이 전파되어야 한다는 것이다.

이런 콘텐츠를 만들 때는 실패도 자산으로서 정직하게 승계

해야 한다. 성공담만 늘어놓는 것은 반쪽자리 자산이다. 나는 프로젝트며 투자에서 실패한 경험을 숨기지 않고 알린다. 그뿐만 아니라 사람을 대할 때 겪은 실패담도 있는 그대로 기록한다. 그래야 다음 세대가 그것을 보고 실수하지 않을 수 있다.

실패담을 전달할 때는 단지 실패의 내용만 전할 게 아니라, 무엇을 실패했고, 왜 실패했으며, 실패에서 무엇을 배웠고, 다음에는 어떻게 해야 할지 설명한다. '이렇게 하면 실패한다'는 매뉴얼로 만들면 다음 세대는 더 잘 배워, 실패의 확률을 줄일 수 있다.

또한 내 브랜드가 어떤 사회적 기여를 하며 어떤 선한 영향력을 발휘하는지 명확히 해야 한다. 예를 들어, 애플은 세상을 바꾸는 혁신을, 스타벅스는 커뮤니티 공간을, 테슬라는 지속 가능한 에너지를 내세웠다. 서울벤처포럼은 청년 기업가들이 고립되지 않도록 "다음 세대 청년 기업가를 키운다"를, 청년자기다움학교는 청년들이 불행하지 않도록 "청년들이 나다움을 발견하게"를, 엄마를 위한 나다움학교는 엄마가 변해야 대한민국이 변하니까 "엄마들이 나답게 살도록 돕는다"를 선한 영향력으로 내세우고 있다.

## 언제든 떠날 준비

—

나는 언제든 떠날 준비를 하자고 결심했고, 이를 위해 핵심 제자 12~20명을 양성하기로 마음먹었다. 수십 년 동안 공부하고 경험하고 성과를 거둔 모든 방법론을 전수할 제자를 찾아 아낌없이 가르치고 떠나려 한다. 물론 몇몇 제자들도 이를 간절히 원했기에 결심할 수 있었다.

사람은 누구나 떠난다. 하지만 내가 도전하고 만들었던 수많은 경험과 결과물 중에 핵심적인 몇 가지는 꼭 남기고 싶다. 어쩌면 욕심일 수도 있겠지만 흔적이라도 남기고 싶다.

그런데 제자를 선택하기 전에 먼저 짚고 넘어갈 것이 있다. 관계와 교제의 차이를 분명히 하고 이에 따를 제자를 찾아야 한다는 것이다. 관계만 있고 교제가 없으면 건강하고 의미 있는 사이로 발전하지 않는다.

교제가 없다는 것은 필요할 때만, 도움을 청할 때만 연락하는 것이다. 그러다가 일이 잘 풀리면 더 이상 연락하지 않는다. 그러다가 또 문제가 생기면 다시 연락이 온다. 내가 꿈꾸는 공동체에서는 그리 달갑지 않은 사람들이다.

진짜 제자는 다르다. 꾸준히 나를 찾고, 바쁠 때나 힘들 때나 별일 없을 때도 함께한다. 커피 한잔 마시며 근황을 나누려 하고, 후배를 돕는 자리에는 누구보다 먼저 나선다. 이렇듯 관계를 넘어 교제하는 것은 함께하고자 하는 마음이 있다는 의미다.

제자를 선발하는 나름의 4가지 자격 요건을 고민했다. 모든 것을 전수하고 떠나려고 생각하니 아무나 선발하고 싶지 않았다. 이런 사람이 내 제자였으면 좋겠다는 바람이다.

첫째, 나를 포함해 다른 제자들과 평생 함께할 진심이 있는 사람이었으면 좋겠다. 서울벤처포럼, 청년자기다움학교, 나미모 등 모든 공동체를 사랑하고, 그 공동체를 위해 기꺼이 헌신하려는 사람이길 바란다. 공동체에는 시켜서, 의무감에 하는 게 아니라, 보상을 바라지 않고 기꺼이 희생하는 사람이어야 한다. 좋아서, 고마워서, 즐거워서 자발적으로 함께하길 바란다. 그리고 그런 공동체를 만들 줄 아는 사람이 제자였으면 좋겠다.

둘째, 배운 것을 활용하여 탁월한 성과를 내보려고 도전하는 사람이었으면 좋겠다. 배우기만 하는 사람은 필요 없다. 배우기만 하고 바뀌는 게 없다면 그런 사람은 제자라고 부르기엔 부족하다. 진짜 제자는 배운 것을 현장에서 활용하고 적용하고 또 다른 성과를 만든다. Like & Excellence Matrix를 배웠으면 일주일 안에 자기 팀에 적용한다. 나다움을 발견했으면 한 달 안에 사업 모델을 바꾼다. 공동체의 힘을 배웠으면 지역에서 공동체를 만든다. 이렇게 배우고, 실행하고, 성과를 내며, 성과를 또다시 배

 **주식회사 이주열**

움의 재료로 삼을 줄 아는 사람이어야 한다. 머리로만 아는 게 아니라, 몸으로 실행하고 결과로 증명하는 사람이길 바란다.

셋째, 내가 배우고 벌어들인 자산을 기꺼이 다음 세대 청년을 위해 나누고 손해 보고자 하는 사람이었으면 좋겠다. 계승이란 받은 것을 혼자 가지지 않는 것이다. 누군가에게서 배우고 받은 것, 누군가를 통해 얻은 것을 혼자 가지고 있는 게 아니라 다음 세대에 넘겨야 한다. 그런데 계승해주려면 시간을 들여야 한다. 후배를 만나서 가르치고, 조언하고. 돈을 써야 한다. 후배의 프로젝트를 돕고, 투자하고, 연결해주고. 에너지를 써야 한다. 어떻게 보면 손해라고 할 것이다. 그 시간에 일을 하면 돈을 더 벌 테고, 그 돈으로 사업을 키우면 더 성공할 것이다. 하지만 나도 받았으니까 기꺼이 나누겠다는 마음을 가진 사람이 제자이길 바란다.

무엇보다도, 작은 것 하나에도 고마워할 줄 아는 사람이었으면 좋겠다. 감사할 줄 모르는 사람은 가르치고 싶지 않다. 작은 것에 감사하지 못하는 사람은 큰 것에도 감사하지 못한다. 그리고 그렇게 받은 것을 다음 세대에 소중히 전한다. 이런 사람이 내 제자였으면 얼마나 좋을까 싶다.

능력이나 학벌, 경력보다도 이런 4가지 마음가짐을 모두 갖춘 청년이 있다면 가르쳐서 계승하고 싶다. 이런 제자들만 가르칠 수 있다면, 정말 행복할 것이다. 나의 자산을 모두 넘겨주고, 그들이 또 다음 세대에 넘겨준다면, 그것이 진짜 계승이다.

사람을 성장하게 하고 양육하는 것은 고귀한 일이다. 마찬가지로 기업을 양성하는 것도 세상에 작지만 선한 영향력을 발휘하는 고귀하고 거룩한 일이다. 그 일에 참여할 수 있다는 것만으로도, 나의 삶은 이미 성공한 셈이다.

## 40년의 계승

—

지난 10년 동안 많은 청년을 가르쳤지만, 무엇보다 나답게 자신의 삶을 잘 살았으면 좋겠다.

그런데도 제도권 교육은 변하지 않았다. 대학도, 초중고도, 교육 시스템도 여전히 똑같다. 획일적인 교육, 외부 기준에 따른 평가, 입시 경쟁까지, 어느 하나 바뀐 게 없다.

이걸 바꾸려면 얼마나 걸릴지 계산해봤더니 40년이 걸렸다. 미국 주일학교가 전국으로 퍼지는 데 30년 넘게 걸렸다고 하니 얼추 그 정도가 걸릴 듯하다. 말하자면, 나다움을 가진 사람들이 대한민국에 좀 더 늘어나는 데 40년쯤 들 거라는 말이다.

그러니 제도권 교육의 레거시를 바꾸는 것은 불가능에 가깝다. 혁신은 중심에서 일어나지 않으므로 변방에서 바꿔야 한다. 그래서 나는 청년이 아니라 엄마를 가르치기로 했다. 서울벤처 포럼에서는 청년 사업가를 기르고, 나미모(엄마들 커뮤니티)에서는 엄마들의 변화를 일으켜 교육을 바꾸고 싶었다. 엄마가 엄마다 우면, 자녀도 자녀답게 살 수 있기 때문이다.

지금 한국의 엄마들은 어떻게 사는가? 아이들에게 명문대를, 의대를, 대기업 취업을 강요한다. 자신도 외부 기준으로만 평가 받으며 살았기 때문이다. 그렇게 엄마들도 정체성을 잃고 나다 움을 잃어버렸다. 엄마들은 '누구 엄마', '누구 와이프'로 몇십 년씩 살아왔다. 그러다 보니 자신은 없다. 애를 키우고, 남편 뒷 바라지하고, 친정을 챙기고, 시댁 눈치 보느라 정작 자신은 잃 어버린 것이다.

엄마가 그런데 자녀에게 나답게 살라고 할 수 있을까? 그렇 게 살아본 적이 없으니 배운 대로, 학습한 대로 자녀들에게 공 부 열심히 하라고, 좋은 대학 가서 대기업에 가라고, 그게 성공 이라고 가르친다. 자신에게 학습된 외부 기준을 자녀에게 그대 로 대물림하는 악순환이 일어난다.

만약 엄마들의 잃어버린 정체성을 찾아주면 어떨까? 엄마가 자신이 좋아하면서도 잘하는 일을 찾는다면 어떨까? 자신이 무 엇을 좋아했고, 어떤 것에 소질이 있는지 깨닫는다면 자녀에게 다르게 말할 것이다.

"너도 네가 좋아하는 거 찾아보고, 잘하는 거 해봐."

엄마가 엄마답게 살면 자녀도 자녀답게 살 것이라는 아주 작은 바람에서 시작했다.

2년 전부터 시작했는데, 처음엔 고작 몇십 명으로 시작했다. 그러나 괜찮다. 혁신은 변방에서 시작되니까. 이렇게 조금씩 늘어나 40년이 지나면 그들이 수천 명으로 늘어날 테니까. 기존의 교육 틀에 가두지 않고 주식회사 '나'를 자녀들이 잘 경영할 수 있도록 돕는다면 세상이 조금 더 멋지게, 아름답게 변할 것이다.

40년은 길다면 긴 여정이지만, 이제 남은 건 30년을 더 가는 것뿐이다.



주식회사 이주열

## 퍼스널 브랜드를 남기기 위해 던질 질문

★ 내 삶을 한 단어나 한 문장으로 표현한다면 무엇인가? 10년 후 사람들이 나를 기억할 때 떠올리는 키워드가 있는가? 지금 그 키워드대로 살고 있는가?

★ 나는 지금까지 쌓아온 경험과 실패를 어떻게 기록하고 있는가? 성공담만 남기고 있는가, 아니면 실패와 고민까지 정직하게 아카이빙하고 있는가?

★ 내가 없어도 내 철학과 가치가 전달될 수 있는가? 나만 알고 있는 암묵지를 누군가가 배우고 실행할 수 있는 형식지로 만들고 있는가?

★ 나는 받은 것을 다음 세대에 넘기고 있는가? 나를 통해 성장할 사람을 찾고 있는가, 아니면 내가 쌓은 것을 혼자 가지고 있는가?

4장

사례를 통해 살펴보는
브랜드,
주식회사 '나'

**16**

# 바닥에 떨어져도 브랜드는 남는다

## 브랜드가 남으면 일어설 수 있다

회사가 망했다. 돈도, 명함도 남지 않았다. 하지만 단 하나, 그 사람이 살아온 삶의 궤적을 담은 브랜드는 남는다. 그 사람은 진심이었고, 약속을 지켰으며, 진정성이 있었다는 평가를 받는다면, 그렇게 당신을 기억한다면 바닥에서도 다시 일어설 수 있다. 그런데 평가가 정반대라면 바닥에 엎어져 다시는 일어설 수 없을 것이다.

이때 재도전의 인프라는 시스템이 아니라 바로 나다움이다. 진심으로 일했는가? 진정성 있게 사람을 대했는가? 약속을 지켰는가? 이런 나다움의 자산이 쌓여서 브랜드가 되고, 그 브랜드가 재기의 인프라가 된다.

스티브 잡스는 자신이 영입한 CEO 존 스컬리에게 1985년에 애플에서 쫓겨났다. 그의 나이 30세였다. 실리콘밸리 최고 스타에서 실패자로 전락한 그를 두고 언론은 조롱했다. "잡스는 끝났다." 하지만 잡스는 멈추지 않았다.

곧바로 NeXT를 설립하여 고가의 워크스테이션을 만들었지만, 상업적으론 실패했다. 1986년 픽사를 인수했고, 1995년에 〈토이 스토리〉가 대박을 치면서 1주일 만에 시가총액이 10억 달러로 늘어났다. 그 후 1997년에 애플로 복귀했을 때, 애플은 파산 직전이었다. 잡스는 2001년에는 아이팟을, 2007년에는 아이폰을. 2010년 아이패드를 히트시키며 지금의 애플로 만들었다.

첫 번째 애플보다 두 번째 애플이 잘되었던 이유는 무엇일까? 바닥에서도 스티브 잡스라는 브랜드가 남았기 때문이다. 그의 비전을 믿고, 그가 혁신적인 작품에 미쳐 있다는 걸 알았던 사람들이 그의 브랜드를 인정했고, 죽어가던 애플이 그를 다시 불러들였던 것이다.

투자자들은 그의 안목을 믿었고, 엔지니어들이 그를 따랐다. 바닥에서도 브랜드는 생생하게 살아서 사람들의 기억에 남았던 것이다.

지금은 세계적으로 손꼽는 일론 머스크도 2008년에 파산 직전이었다. 테슬라는 로드스터 생산 문제로 자금이 고갈되고, 파산까지 며칠밖에 남지 않았다. 스페이스X는 로켓을 3번 연속 실패하면서 고전을 면치 못하고 있었다. 한편 개인적으로도 이혼으로 개인 자금이 고갈되어 생활비도 없어서 돈을 빌려야 할 정도였다. 언론은 "머스크는 사기꾼"이라며 조롱했다. 하지만 스페이스X가 4번째 만에 발사에 성공했고, NASA와 16억 달러짜리 계약을 맺었다. 12월 말에는 테슬라가 추가 투자를 확보하면서 파산 직전에서 살아났다.

이는 그가 1995년부터 2008년까지 13년 동안 쌓은 신뢰 덕분이었다. 그가 불가능을 가능으로 만들기 위해 최선을 다하며, 돈을 벌려고 하기보단 미션을 성공하기 위해 노력하는 사람임을 믿었던 것이다.

2008년 1월 7일, 하워드 슐츠는 8년 만에 스타벅스 CEO로 복귀했다. 왜 돌아와야 했을까? 스타벅스가 무너지고 있었다. 2007년에는 주가가 절반 가까이 폭락할 만큼 고객들이 떠나고 있었다. 매장은 늘었지만, 영혼을 잃었다.

슐츠가 2007년 2월에 쓴 내부 메모를 살펴보면, "우리는 '스타벅스 경험'을 잃었다. (밀봉 포장으로 바꾸면서) 매장에서 커피 향이 사라졌다. 매장은 획일적이고 차갑게 느껴진다. 열정이 사라졌다"라고 할 정도였다.

2008년 1월, 그가 CEO로 복귀했을 때 상황은 더욱 최악이었다. 리먼브라더스가 파산하면서 미국은 물론 전 세계가 휘청거리고 있었다. 4분기 순이익은 무려 94%나 감소했고, 전체 수익은 53%나 줄었다. 바닥이었다.

하지만 슐츠는 멈추지 않았다. 2008년 2월 26일, 그는 미국 전역에 있는 7,000개 이상의 매장을 3시간 동안 닫고 직원들을 재교육했다. 에스프레소 만드는 법부터 시작해서 고객과 소통하는 법을 다시 가르치고, 스타벅스의 가치를 되새겼다. 이를 두고 〈뉴욕타임스〉는 "스타벅스, 3시간 커피 브레이크를 갖다"라며 빈정거렸지만, 슐츠는 흔들리지 않았다. 900개 부실 매장을 폐쇄하고 수백 명 임원과 직원을 해고하며 4억 달러의 비용을 절감했다.

그런데도 그는 커피 가격을 올리지 않았다. 이사회는 수익이 필요하다며 가격을 올리라고 압박했지만, 슐츠는 거부했다. 그는 코스트코(Costco) 공동 창업자 짐 시네갈의 조언을 기억했다.

"경기 침체기에 핵심 고객을 잃으면, 그들을 다시 되찾는 비용이 신규 고객을 확보하는 비용보다 훨씬 더 클 것입니다."

슐츠는 오히려 할인과 로열티 프로그램을 제공했다. 모바일 주문을 쉽게 만들었다. 고객 가치에 집중했다.

그리고 직원 복지를 유지했다. 파트타임 직원에게도 건강보험을 제공했는데, 당시 미국에서 매우 드문 일이었다. 해고된 직원들에게는 퇴직금과 함께 재취업을 지원했다. 그는 직원을 존중해야 그들이 고객을 존중할 거라고 믿었던 것이다.

그 결과 2008년의 순이익 3억 1,500만 달러, 2010년에는 9억 4,500만 달러를 거두고, 2009년에는 주가가 143%나 상승했다. 2017년 슐츠가 다시 CEO에서 물러날 때까지, 스타벅스 시가총액 1,000억 달러나 늘어났다.

직원을 존중하고 고객을 먼저 생각하며 가치를 지킨다는 슐츠의 브랜드가 떠나간 고객들이 돌아오게 만들었다.


## 브랜드가 무너지면 아무것도 남지 않는다
—

엘리자베스 홈즈는 테라노스 창업자로, 2014년에 회사 가치가 90억 달러에 이르면서 차세대 스티브 잡스라 불릴 정도였다. 하지만 모든 게 거짓말이었다. 혈액 검사 기술은 작동하지 않았고, 투자자들에게 거짓말로 돈을 받고, 직원들을 협박해서 데이터를 조작했다. 결국 2018년에 사기 혐의로 기소되어 2022년 징역 11년 3개월이 선고됐다.

홈즈가 바닥에 떨어졌을 때 아무것도 남지 않았다. 사기꾼이라 믿을 수 없다는 평가를 받은 그녀에게 두 번째 기회를 줄 사람은 없었다.

브랜드가 없으면 재도전은 없다. 브랜드란 로고나 이름이 아니다. 로고나 이름으로 대변되는 신뢰다. 약속을 지키고 진심으로 일하며 일관성을 지킨다는 평가가 바로 브랜드다.

브랜드는 매일의 선택으로 만들어진다. 작은 약속이라도 지키고, 작은 일이라도 최선을 다하며, 사소한 거짓말도 하지 않는 태도가 쌓이고 쌓여서 브랜드가 된다. 이런 신뢰는 하루 아침에 만들어지지 않는다.

한 벤처캐피털 대표가 있었는데, 20년 동안 수백 명의 창업자를 만났다고 했다. 그중에는 성공한 사람도 있고, 실패한 사람도 있었다. 그들을 관찰한 결과, 실패한 사람은 다시 일어서는 사람과 그대로 끝나는 사람으로 나뉜다는 사실을 깨달았다. 그 차이는 바로 실패하기 전에 어떻게 살았는가 하는 것이었다.

A라는 스타트업 대표가 있었다. 시리즈B 투자를 받고, 매출이 100억 원이 넘고, 직원이 50명이나 됐다. 한마디로 잘나갔다. 그런데 그는 잘나갈 때 사람들을 막 대했다.

파트너사에는 "우리가 갑이니까 말 좀 들으세요. 안 그러면 단가 깎을 거예요. 싫으면 가세요"라며 협박했다. 직원들에게는 "야근은 당연한 거예요. 스타트업이 원래 그래요. 못하겠으면 나가든가. 대신할 사람은 많으니까요"라며 사람을 귀하게 여기지 않았다. 후배 창업자들에게는 "전 성공했으니까 제 말 들으세요. 당신은 아직 멀었어요"라며 무시했다.

그러다가 3년 후, 시장 환경이 바뀌면서 회사가 어려워졌다. 그는 급하게 투자자를 찾았다. 투자자들은 검증할 겸 주변에 그 회사와 대표에 대해 물었다.

그러자 파트너사에서는 사람을 함부로 대한다면서 절대 투자하지 말라고 말렸고, 전 직원은 같이 일하기 힘든 사람이라고 좋지 않게 말했다. 후배 창업자도 거만한 사람이라는 평가를 내렸다. 그런 평가를 듣고 투자해줄 투자자는 없었다. 그가 파트너사에 연락해서 "다시 같이 일할 수 있을까요? 조건 좋게 드릴게요"라며 구슬렀지만, 파트너사에서는 다른 일을 핑계로 거절했다.

회사는 결국 문을 닫았다. 잘나갈 때 쌓은 악명 때문에 바닥에 그대로 남은 것이다.

한편, 스타트업 대표 B는 A와 비슷한 시기에 창업했고, 매출 규모도 비슷했지만, 사람들을 대하는 방식이 달랐다. 그는 파트너사에는 "우리 같이 성장합시다. 단가 협상 공정하게 합시다. 어려우신 점 있으면 말씀하세요"라며 배려했다. 직원들에게는

"야근하느라 고생했어요. 내일은 일찍 퇴근하세요"라며 감사함을 잊지 않았고, 실수해도 다독이며 위로했다. 후배 창업자들에게는 "저도 시행착오 많이 했어요. 제 경험을 공유할게요. 궁금한 거 있으면 언제든 연락하세요"라며 겸손함을 잊지 않고 늘 베풀었다.

3년 후, B의 회사도 어려워졌지만 주변의 반응이 달랐다. 파트너사에서 먼저 연락해, "대표님, 상황은 들었어요. 우리가 도울 일 있나요? 비용은 조금 늦게 받아도 괜찮아요. 기다릴게요"라며 배려해주었다. 예전 직원들도 "다시 팀 꾸리시면 제가 돕겠습니다"라며 먼저 손을 내밀고, 후배 창업자들도 투자자를 소개해주었다.

투자자가 주변에 B에 대해 묻자 파트너사며 전 직원, 후배 창업자 모두 칭찬을 아끼지 않았고, 그의 평판을 믿고 투자가 이뤄졌다. 1년 후, B의 회사는 다시 일어섰다. 이렇듯 잘나갈 때 쌓은 신뢰와 평판이 바닥에서 그를 살렸다.

A와 B는 능력도, 상황도 비슷했다. 차이가 있다면 사람을 대하는 방식뿐이었다. A는 잘나갈 때 사람을 함부로 대했지만, B는 잘나갈 때도 사람을 존중했다. 그 차이는 바닥에서 드러났다. 바닥에 떨어지자 A에게는 아무도 손 내밀지 않았지만, B에게는 모두 손을 내밀었다.

당신은 지금 어떤 브랜드를 쌓고 있는가? 함께 일하는 사람을 어떻게 대하는가? 파트너를 어떻게 대하는가? 후배를 어떻게 대하는가? 지금 쌓는 브랜드가 바닥에서 당신을 살릴 수도, 끝낼 수도 있다. 그래서 함부로 살면 안 된다. 잘나갈 때도 항상 겸손하고 신의를 지키는 사람이어야 한다. 그게 브랜드다.

## 재도전을 위한 시스템

—

한국에서 재도전은 어렵다. 한 번 실패하면 은행 대출도 쉽지 않고 신용불량이 되면 재창업도 어려워서 투자를 받지 못한다. 당연히 취업도 어려워서 이력서에 쓸 것이 없다.

하지만 실리콘밸리는 다르다. 실패는 일종의 기념 배지다.

"저 사람 두 번 실패했다는데? 경험 많네."

"회사가 망했는데 어떻게 처리했지? 대단한데?"

그래서 잡스가 다시 일어설 수 있었다. 그렇게 재도전의 기회가 주어진다.

한국도 점차 달라지고 있다. 2017년 재창업지원법이 제정되고, 2020년에는 재도전펀드가 조성됐으며, 2024년에는 재도전 기업에 세금 혜택을 주기로 했다. 하지만 시스템만으로는 부족하다. 재도전을 위한 인프라는 바로 나다움이다. 두 번째 회사를 세울 때 가장 중요한 것은 사업을 위한 인프라를 만드는 것이다.

첫 번째 인프라는 사람이다. 즉, 처음 회사에서 만난 사람들이다. 동료들, 고객들, 파트너들, 투자자들은 당신을 어떻게 기억하는가? 당신을 어떻게 대하는가?

두 번째 인프라는 경험이다. 첫 번째 회사에서 배우고 익히고 경험한 모든 것이다. 어떻게 실패했는가? 무엇을 배웠는가? 다음엔 어떻게 할 건가?

세 번째 인프라는 당신의 브랜드, 즉 첫 번째 회사에서 쌓은 당신의 평판이다. 평판이 좋다면, 일관되게 진심으로 나답게 살았다면, 두 번째 설립을 위한 인프라는 이미 준비된 것이나 다름없다.

지금 첫 번째 회사를 운영 중일 수도, 직장인일 수도, 어쩌면 학생일 수도 있다. 어디에 있든 무엇을 하든, 지금 하는 선택들이 쌓여서 브랜드가 된다. 이런 것들이 차곡차곡 몇 년이고 쌓이면 바닥에 떨어져도 브랜드는 남아 두 번째 기회로 연결된다.

## 재도전을 위한 인프라를 확인하는 질문

★ 지금 바닥에 떨어진다면, 무엇이 남을까? 사람들이 당신을 어떻게 기억할까?

★ 작은 약속도 지키고 있는가? 작은 일도 최선을 다하고 있는가? 이것이 쌓여서 브랜드가 된다.

★ 두 번째 설립을 위한 인프라는 무엇인가? 사람? 경험? 브랜드? 지금부터 만들어라.

# 17

# 지속 가능한 회사들의 비밀

## 100년을 살아남은 기업의 공통점

100년을 넘긴 기업이 어느 나라에 얼마나 있을까? 일본에는 5만 개나 되는 기업이 100년 넘게 이어지고 있다. 독일에는 200년 이상 된 기업이 1,500개나 된다고 한다. 그러나 한국에는 단 13군데뿐이다. 차이가 무엇일까?

100년 이상 살아남은 기업에는 공통점이 있다. 중심이 잘 잡혀서 왜 존재하는가에 대해 항상 고민하고 가르치고 내재화한다. 또한 자사의 핵심 역량이 무엇인지 정확히 알고, 핵심 역량을 기반으로 탁월함을 만들어내 명확히 차별화한다. 이를 바탕으로 지속 가능한 수익 모델을 만들어서 끊임없이 변화하고 도전하고 생존하면서 사회와 공동체에 선한 영향력을 미친다.

2025년 12월 밤, 서울벤처포럼 멤버들과 저녁을 먹다가 한 청년 대표가 물었다.

"저는 언제쯤이면 성공했다고 할 수 있을까요? 매출 100억 원을 올리면 될까요? 상장하면 성공한 걸까요?"

그래서 대답했다.

"성공은 숫자가 아니야. 네가 떠난 후에도 네가 만든 것이 계속 가면 그게 성공이지."

바로 100년 이상 살아남은 기업은 그 창업주가 떠난 후에도 이어지고 있으므로 성공을 거둔 셈이다.

## 주식회사 유일한의 탄생

—

유일한 박사(1895~1971)는 미국 유학 중 라초이(La Choy) 식품 회사를 공동 창업해 큰 성공을 거뒀다. 미국 시장에 통조림으로 된 중국 음식을 처음 선보이는 사업이었다. 유일한은 더 큰 돈을 벌 수도, 미국에 남을 수도 있었다.

하지만 그는 일제강점기 조선으로 돌아왔다. 그리고 1926년 평양에 유한양행을 세웠다.

"회사의 주인은 소비자다."

이것이 그의 철학이었다. 개인의 부보다는 민족의 건강, 가족의 재산이 아니라 사회의 유산이 중요했다. 그가 만든 회사는 처음부터 '우리'를 위한 것이었다.

1936년, 그는 종업원 지주제를 도입했다. 식민지 치하인 데다 세계적으로도 매우 이례적인 일이었다. 직원들이 회사 주식을 보유하고 이익을 공유하며 노동자가 주인이 되는 회사라니.

열악한 환경이었지만 유한양행은 성장했다. 모든 구성원이 주인이었으니 주인의식을 가진 사람들은 더 몰입하고, 더 책임지고, 더 혁신했다. 수익과 지속 가능성도 이를 증명했다.

1971년 그는 세상을 떠나며 전 재산을 공익재단에 기부했다. 유한재단, 유한학원이 최대 주주가 되었다. 기업의 이익은 자연스럽게 교육과 사회환원으로 흘렀다. 그는 자식에게 돈을 물려주지 않고 사회에 물려줬다.

2026년 현재, 유한양행은 100년을 향해 가고 있다. 재벌식 세습 경영을 거부하고, 전문경영인 체제를 확립해서, 여전히 투명 경영과 사회책임의 전통을 이어가고 있다.

　　　　　　　　　　　　　　**주식회사 이주열**

## 주식회사 호세 마리아의 탄생

—

호세 마리아 아리스멘디아리에타 신부(1915~1976)는 스페인 내전의 폐허 속에서 바스크 마을에 부임한 젊은 사제였다. 그가 본 것은 극심한 가난이었다. 교육받지 못한 노동자와 착취당하는 민중들의 삶을 보고 1943년, 몬드라곤 직업학교를 세웠다.

"노동자는 교육과 자신의 노력으로만 해방될 수 있다."

이것이 그의 철학이었다. 자본주의의 착취도, 사회주의의 무신론도 거부했다. 제3의 길을 택해 노동자가 주인 되는 회사를 만들었다. 민주적으로 운영하고, 이익을 공유하고, 서로 돕는 공동체를 세웠다.

1956년, 그가 가르친 젊은 기술자 5명과 함께 첫 협동조합 ULGOR(훗날 Fagor)를 설립했다. 가전제품을 만드는 노동자 소유 기업으로, 1인 1표의 민주주의를 통해 모든 조합원이 회사의 중요한 의사결정에 참여했다. 임원과 경영진은 조합원들의 투표로 선출되었다.

그러다 보니 직원들의 주인의식은 상상을 초월했다. 자기 회사를 스스로 경영하니 다르게 일했다. 더 창의적이고, 더 헌신적이고, 더 책임감 있었다. 수익과 지속 가능성도 증명했다. 몬드라곤은 빠르게 성장했다. 제조업, 금융, 소매, 농업 등 다양한 분야로 확장하면서, 협동조합은행(카하 라보랄), 협동조합 대학, 연구소까지 들어섰다.

그러다가 2008년 금융 위기가 닥쳤다. 전 세계적인 경제위기 앞에서 스페인의 실업률은 25%까지 치솟았다. 그런데 몬드라곤의 실업률은 0%였다. 협동조합에서 서로 고용을 조정하고 자원을 연계했다. 해고하는 대신 직원을 재배치하여 공동체 전체의 회복력을 높였다.

1976년 신부가 세상을 떠날 때, 몬드라곤은 이미 세계적인 모델이 되어 있었다.

2026년 현재, 몬드라곤 협동조합 기업군은 98개의 협동조합, 8만 명 이상의 직원, 연 매출 17조 원이라는 세계 최대 규모의 협동조합 경제체제를 갖추고 있다.


## 주식회사 빌 드레이턴의 탄생

—

빌 드레이턴(1943~ )은 하버드 대학교를 졸업하고 맥킨지에 들어갔다. 엘리트 코스였고 성공한 커리어였다. 하지만 그는 다른 길을 택했다.

1980년, 그는 맥킨지에서 나와 아쇼카(Ashoka)를 창립했다.

"모든 사람이 체인지 메이커가 될 수 있다."

이것이 그의 철학이었다. 세상을 바꾸는 것은 특별한 영웅의 몫이 아니라, 우리 모두의 일이라고 믿었다. 가장 평범한 사람도 다른 이를 도울 수 있다면, 비로소 모두에게 좋은 삶을 보장할 수 있을 것이었다.

1981년, 인도에서 첫 아쇼카 펠로를 선발한 후로, 몰입과 탁월함이 뒤따랐다. 드레이턴은 전 세계에서 창의적으로 사회문제를 해결하는 사람들을 찾아냈다. 그들은 교육, 환경, 건강, 인권 등 각자의 분야에서 혁신적인 아이디어로 변화를 만들어냈다.

아쇼카는 그들에게 재정적 지원과 글로벌 협력망을 제공했다. 그러나 가장 중요한 것은 그들을 체인지 메이커로 인정하는 것이었다. 그 말 한마디로 수천 명의 사회 혁신가를 탄생했다.

드레이턴의 수익 및 지속 가능성 모델은 달랐다. 그는 기업을 운영하지 않았지만, 그가 만든 네트워크는 수천 개의 조직을 탄생시켰다. 사회적 기업, 소셜벤처, 임팩트 투자 등 오늘날 사회적 기업가(Social Entrepreneur)라는 용어는 그의 유산이다.

2026년 현재, 아쇼카는 70여 개국에서 3,700명 이상의 펠로를 보유한 세계 최대의 사회 혁신가 네트워크다. 그리고 83세의 나이에도 드레이턴은 여전히 활동 중이다. 유스 벤처(Youth Venture) 프로그램으로 청소년 체인지 메이커를 키우고, 학교를 세워 전 세계 학교를 혁신하고, 각 기업에서 직원을 체인지 메이킹 하도록 장려한다.

주식회사 빌 드레이턴은 주변의 모두를 체인지 메이커로 만들고 있다.


## 주식회사 이본 쉬나드의 탄생

—

이본 쉬나드(1938~ )는 암벽 등반가였는데, 장비가 마음에 들지 않아 직접 만들기 시작했다. 그렇게 1973년, 파타고니아가 탄생했다.

"우리는 지구를 되살리기 위해 사업을 한다."

이것이 그의 철학이었다. 환경 파괴 없는 비즈니스, 이익보다는 지구, 성장보다는 지속 가능성을 선택했다. 파타고니아의 모든 결정은 이 원칙에서 시작되었다.

1996년, 모든 제품을 100% 유기농 면으로 생산하기로 전환했다. 비용은 엄청났지만, 그들은 해냈다. 2017년, 트럼프가 자연보호구역을 축소하려 했을 때, 파타고니아 홈페이지에는 이런 글이 올라왔다.

"대통령이 당신의 땅을 훔쳤다."

 

결국 정부를 고소해서 이겼다.

파타고니아는 환경을 보호하면서도 최고 품질의 제품을 만들고 있다. 아니, 정확히 말하면 환경을 보호했기 때문에 최고 품질의 제품을 만들 수 있었다.

고객들은 이 회사의 진정성을 믿는다. 이익을 위해 환경을 이야기하는 게 아니라, 환경을 위해 사업을 하는 기업임을 믿어 의심치 않는다. 수익과 지속 가능성도 증명했다. 매년 1조 원의 매출을 거두고 1,400억 원을 환경보호에 쓴다. 파타고니아가 성장하면 할수록 지구에 더 많은 돈이 흐른다.

2018년, 쉬나드는 이렇게 선언했다. "지구가 우리의 유일한 주주입니다."

2022년, 그는 4조 원 가치의 파타고니아 주식 전부를 지구에 기부했다. 가족에게 물려주지 않았다. 상장도 하지 않았다. 그러기 위해 회사를 두 개의 신탁으로 재구성해서, 의결권 있는 주식 2%는 파타고니아 목적 신탁으로, 나머지 98%는 환경단체 홀드패스트 컬렉티브에 넘겼다. 파타고니아의 모든 이익은 기후위기에 대응하는 데 쓰인다.

## 네 사람이 남긴 공통의 유산

—

첫째, 의미가 먼저였다.

유일한은 "회사의 주인은 소비자다", 호세 마리아는 "노동자는 교육과 자신의 노력으로만 해방될 수 있다", 빌 드레이턴은 "모든 사람이 체인지 메이커가 될 수 있다", 이본 쉬나드는 "우리는 지구를 되살리기 위해 사업을 한다"는 확고한 철학을 내세웠다. 모두 돈이 목적이 아니라 의미가 먼저였다. 그 의미가 흔들리지 않았기에, 그들의 회사는 시간을 견뎠다.

둘째, 몰입과 탁월함과 탁월함이 따라왔다.

유일한은 종업원 지주제를 실현해 주인의식을 높였고, 주인의식을 지닌 종업원들은 혁신을 이뤄냈다. 호세 마리아가 주장한 1인 1표 민주주의는 모든 직원이 회사 경영에 참여하게 함으로써 창의성을 높였다. 빌 드레이턴의 체인지 메이커 네트워크는 전 세계의 사회 혁신가들을 연결했고 영향력을 확산했다. 이본 쉬나드의 환경 철학은 진정성을 잃지 않아 고객의 충성도를 얻었다.

의미를 추구했더니 사람들이 몰입했다. 몰입했더니 재미가 있고 탁월해졌다. 탁월했더니 경쟁력이 생겼다.

셋째, 수익이 순환했다.

유한양행은 유한재단, 유한학원으로 모든 재산을 사회에 환원했고, 몬드라곤은 이익의 20%를 공동체에 돌렸다. 아쇼카는 3,700명 펠로를 통해 수천 개 조직을 파생했고, 파타고니아는 모든 이익을 지구로 돌렸다.

네 사람 모두 수익을 만들었지만 독점하는 대신 순환시켰다. 성장하면 할수록 더 많은 사람이, 더 많은 공동체가, 더 넓은 세상이 혜택을 받았다.

넷째, 엑시트는 계승이었다.

유일한은 전 재산을 사회에 환원하며 100년째 이어지는 기업을 만들었고, 호세 마리아는 협동조합 원칙을 세계에 퍼뜨려 83년째 성장하고 있으며, 빌 드레이턴은 체인지 메이커 문화를 확산시켜 46년째 진화하고 있고, 이본 쉬나드는 회사를 지구로 돌려 영구적 환원을 이뤄냈다.

네 사람 모두 '나'를, 가족을, 세대를 넘어서서 물려주고 확산하고 확장했다. 그들의 엑시트는 소멸이 아니라 계승이었다.

## 주식회사 '나'의 성공적인 엑시트

—

첫째, 중심을 잡아라. 왜 이 일을 하는가? 그 의미가 브랜드가 된다.

둘째, 탁월함을 즐겨라. 무엇을 잘하는가? 세계 최고가 되어라.

셋째, 선한 부를 만들어라. 어떻게 지속할 것인가? 성장하면 할수록 더 많은 이가 혜택받게 하라.

넷째, '나'를 넘어서라. 네가 떠난 후에도 계속 가는 것이 진짜 성공이다.

의미, 몰입과 탁월함을 통한 재미, 지속성을 위한 머니, '나'를 넘어선 '우리'까지 확장하고 확산한다.

지금 이 순간, 당신이 내리는 결정은 무엇인가? 단기 이익을 위한 결정인가? 아니면 100년 후에도 가치 있는 유산이 될 결정인가? 당신의 엑시트는 무엇인가?

## 주식회사 '나'의 존재 의미를 찾기 위한 질문

★ 주식회사 나는 왜 존재하는가? 이 세상에 나는 어떤 의미를 주는가?

★ 주식회사 나의 핵심 역량은 무엇인가? 남들이 따라올 수 없는, 나만의 탁월함은?

★ 주식회사 나는 어떻게 지속할 것인가? 지금 하고 있는 일이 10년 후, 20년 후에도 계속 가능한가?

★ 내가 떠난 후에도 나의 의미, 몰입과 탁월함의 재미, 지속 가능한 머니가 계속 작동할 시스템을 만들고 있는가?

# 숨겨진 불을 다시 경영하다

사람은 누구나 하나의 회사다. 그리고 모든 회사에는 장부에 기록되지 않은 자산이 있다.

보이지 않지만 분명히 존재하는 것. 바로 마음 한구석에 숨겨둔 불이다.

이 불은 흔히 욕망으로 오해받는다. 욕심, 분노, 열등감 같은 부정적인 이름으로 불리기도 한다. 그래서 우리는 이 불을 숨긴다. 드러내면 통제되지 않을 것 같고, 마주하면 지금까지 쌓아온 삶이 흔들릴 것 같기 때문이다. 하지만 불은 숨긴다고 사라지지 않는다. 다만 경영되지 않을 뿐이다.

겉으로 보기엔 큰 문제 없는 삶이 이어진다. 회사는 다니고 있고, 월급은 들어오며, 가족도 있다. 안정적이고 무난한 인생

처럼 보인다. 그런데 어느 순간부터 마음이 자꾸 꺼진다. 출근
길에 이유 없는 한숨이 나오고, 회의 중에는 말은 듣지만 생각
은 멀어진다. 퇴근 후에는 아무것도 하기 싫다. 몸보다 마음이
먼저 지친다.

사람들은 다들 그렇게 산다고, 나이 들면 그런 법이라고 하지
만, 이것은 단순한 권태가 아니다. 경영 관점에서 보면 내부 에
너지가 고갈되고 있다는 분명한 경고다. 숨겨둔 불이 더 이상
연료로 쓰이지 못하고 있다는 표시다.

사실 그 불은 한때 분명히 타오르고 있었다. 처음 일을 시작
했을 때의 열정, 인정받고 싶었던 마음, 내 이름으로 무언가를
만들어보고 싶었던 욕망. 한번은 제대로 해보고 싶다는 생각.

그러나 그 불은 실적 관리와 조직 정치, 생계라는 현실 속에
서 조금씩 뒤로 밀려났다. 안전이 우선이 되었고, 책임이 꿈보
다 앞섰으며, 어느 순간부터 버티는 것이 목표가 되었다. 불을
숨기는 데 성공한 사람은 많다. 하지만 불 없이 오래 잘 버틴 사
람은 없다.

어느 순간부터 일은 성장이 아니라 소모가 된다. 성과는 내
것이 아니라 조직의 것이 되고, 나는 점점 대체 가능한 인력처
럼 느껴진다. 그래서 마음속에서 질문을 던진다.

"이렇게 끝나도 되는 걸까?"

          **주식회사 이주열**

"내 인생의 정점은 이미 지나간 걸까?"

이 질문을 억누를수록 불은 왜곡되어, 분노가 되고, 냉소가 되고, 무기력이 된다. 혹은 아무 준비 없는 퇴사 충동으로 튀어나온다.

"나는 이런 사람이 아니야"라는 말은 사실 "나는 아직 나를 제대로 경영하지 않았다"는 뜻이다.

불은 위험하다. 그러나 모든 변화의 에너지이기도 하다. 불이 없으면 아무것도 움직이지 않는다. 회사도, 인생도, 전환도, 모두 불에서 시작된다.

중요한 것은 불을 없애는 것이 아니다. 불을 다루는 법을 배우는 것이다. 캐어내고, 직면하고, 이름을 붙이는 순간, 불은 파괴가 아니라 연료가 된다.

이 책이 말하고자 한 경영은 회사를 잘 운영하는 기술만이 아니다. 자기 자신이라는 가장 중요한 회사를 의식적으로 경영하는 삶이다. 나다움을 찾고, 중심을 세우고, 재무제표를 점검하고, 공동체로 확장하고, 무엇을 남길 것인가를 고민하는 모든 과정은 결국 하나로 귀결된다. 당신 안에 숨겨진 불을 다시 경영하는 것이다.

앤드루 카네기가 말했다.

"부자인 채로 죽는 것은 창피한 일이다."

우리는 떠날 때 모든 것을 두고 떠난다. 돈도, 명예도, 지위도. 아무것도 가져갈 수 없다.

하지만 한 가지는 남긴다. 바로 불이 만든 흔적이다.

당신이 타올랐던 순간들, 당신이 누군가에게 불을 지펴준 순간들, 당신이 함께 타오른 공동체. 바로 이것이 유산이다.

마지막으로 주식회사 이주열은 묻는다. 당신 안에 숨겨진 그 불은 지금 어디에서, 어떤 모습으로 타고 있는가? 그 불은 당신의 삶을 조용히 태우고 있는가, 아니면 아직 쓰이지 못한 성장의 연료로 남아 있는가? 오늘부터, 그 불을 다시 경영할 준비가 되었는가?

이제 당신이 답할 차례다.

주식회사 '나'를 시작해보자. 지금, 바로 오늘부터.

## 참고 문헌

• **유일한 박사** (유한양행 창업자)

1. New, Il Han. When I Was a Boy in Korea. Boston: Lothrop, Lee & Shepard Co., 1928.
2. 김형석.『유일한의 생애와 사상』. 올댓스토리, 2016.
3. 조성기.『유일한 평전』. (국내 출간본)
4. 김시우.『민족 기업인 유일한은 독립운동가였다』. (국내 출간본)
5. 이용포.『유일한』. 작은씨앗.
6. 유한양행(온라인 기념관/페이지 수록 "대표서적" 목록: When I Was a Boy in Korea,『유일한 평전』,『거인』,『유일한의 생애와 사상』,『민족기업인 유일한은 독립운동가였다』).

• **빌 드레이턴** (Ashoka 창립자)

1. Schwartz, Beverly, with Bill Drayton. Rippling: How Social Entrepreneurs Spread Innovation Throughout the World. Hoboken, NJ: Wiley, 2012.
2. Bornstein, David. How to Change the World: Social Entrepreneurs and the Power of New Ideas. Oxford: Oxford University Press, 2004.
3. Martin, Roger L., and Sally R. Osberg. Getting Beyond Better: How Social Entrepreneurship Works. Boston: Harvard Business Review Press, 2015.

- **호세 마리아 아리스멘디아리에타 신부 (몬드라곤 운동 창시)**

1. Arizmendiarrieta, José María. Reflections: Insights from the Founder of the Mondragon Cooperatives. Translated by Steve Herrick. (Publisher: Solidarity Hall).

2. Azurmendi, Joxe. El hombre cooperativo: pensamiento de Arizmendiarrieta. (스페인어 원전/대저작).

3. Arizmendiarrietafundazioa(아리스멘디아리에타 재단) 편. Pensamientos de JM Arizmendiarrieta para el siglo XXI (아리스멘디아리에타 글 모음/컴필레이션).

- **몬드라곤 협동조합 운동(역사·거버넌스) 핵심서**

1. Whyte, William Foote, and Kathleen King Whyte. Making Mondragón: The Growth and Dynamics of the Worker Cooperative Complex. Ithaca, NY: Cornell University Press, (2nd ed. 등 판본 다수).

2. Mondragon Corporation. All our history

- **이본 쉬나드**

1. Chouinard, Yvon. Let My People Go Surfing: The Education of a

Reluctant Businessman. Penguin Books, 2005.

한국어판:『파타고니아, 파도가 칠 때는 서핑을』, 라이팅하우스, 2006.

2. Chouinard, Yvon and Stanley, Vincent. The Responsible Company. Patagonia Books, 2012.

3. Stanley, Vincent. The Compass and the Nail: How the Patagonia Model of Loyalty Can Save Your Business, and Might Just Save the Planet. Patagonia, 2023

4. "The Billionaire Who Wanted to Die Broke... Is Now Doing So" - The New York Times, September 14, 2022

5. "Patagonia Founder Gives Away the Company" - Bloomberg, September 14, 2022

5. "Yvon Chouinard Interview: The Art of Risk" - Outside Magazine, March 2019.

# 주식회사 이주열

ⓒ 이주열, 2026

초판 1쇄 발행  2026년 3월 17일
초판 2쇄 발행  2026년 4월 8일

| | |
|---|---|
| 지은이 | 이주열 |
| 발행인 | 조찬우 |
| 펴낸곳 | 차선책 |

| | |
|---|---|
| 책임편집 | 박태연 |
| 편집 | 한홍·최지희 |
| 교정·교열 | 한홍 |
| 디자인 | 박은정 |
| 마케팅 | Studiossam·비욘드콘택트·OYD·투아워스 |
| 인쇄 | 한국학술정보 (주) 북토리 |

| | |
|---|---|
| 출판등록 | 제2022-00056호 |
| 주소 | 서울특별시 송파구 풍성로 14길 31, 405호 |
| 이메일 | thenextplanb@gmail.com |
| 홈페이지 | thenextplanb.co.kr |
| 인스타그램 | @thenextplan_official |
| 블로그 | blog.naver.com/thenextplanb |
| 유튜브 | 차선책 |

ISBN  979-11-993809-4-3 03000



"당신의 글이 우리의 다음 '차선책'이 됩니다."
도서출판 차선책 출간기획팀 thenextplanb@gmail.com 메일로 소중한 원고를 보내주세요.